몸과 마음에 좋은 316가지

허브와 향신료 도감

몸과 마음에 좋은 316가지

허브와 향신료 도감

초판 인쇄일 2019년 9월 23일
초판 발행일 2019년 9월 30일

감수 이토 신고
옮긴이 허성재
발행인 박정모
등록번호 제9-295호
발행처 도서출판 혜지원
주소 (10881) 경기도 파주시 회동길 445-4(문발동 638) 302호
전화 031) 955-9221~5   팩스 031) 955-9220
홈페이지 www.hyejiwon.co.kr
블로그 blog.naver.com/hyejiwon9221
페이스북 www.facebook.com/hyejiwon9221

기획 박혜지
진행 박혜지, 김태호
디자인 조수안
영업마케팅 황대일, 서지영
ISBN 978-89-8379-999-9
정가 20,000원

Zouho Kaitei Herb & Spice Jiten : Kokoro to Karada ni Yasashii 316Shu
© Shingo ito, Shankar Noguchi 2017
Originally published in Japan in 2017 by Seibundo Shinkosha Publishing Co., Ltd., TOKYO,
through TOHAN CORPORATION, TOKYO, and Danny Hong Agency, SEOUL

이 책의 한국어판 저작권은 대니홍 에이전시를 통한 저작권사와의 독점 계약으로 도서출판 혜지원에 있습니다.
저작권법에 의해 한국 내에서 보호를 받는 저작물이므로 무단전재와 복제를 금합니다.

이 도서의 국립중앙도서관 출판예정도서목록(CIP)은 서지정보유통지원시스템 홈페이지(http://seoji.nl.go.kr)와
국가자료공동목록시스템(http://www.nl.go.kr/kolisnet)에서 이용하실 수 있습니다.(CIP제어번호: CIP2019036320)

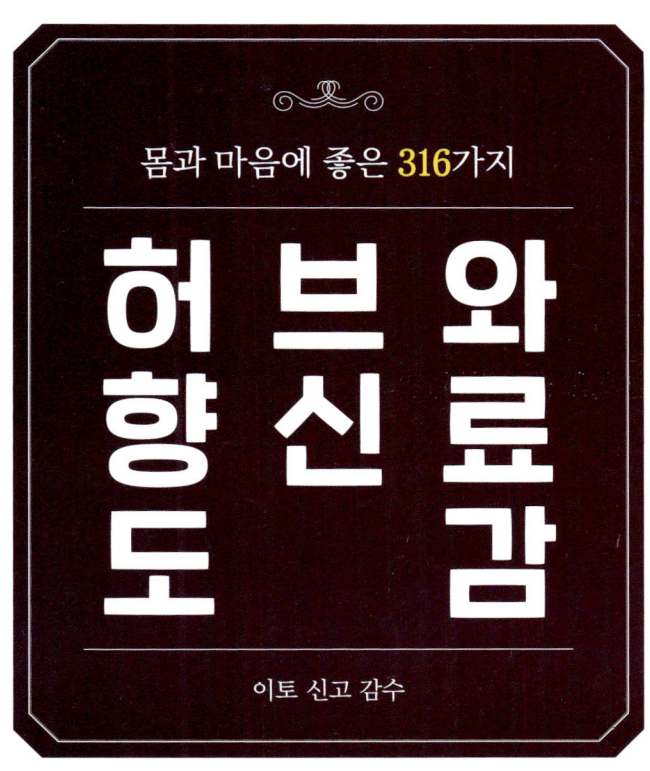

몸과 마음에 좋은 316가지

허브와 향신료 도감

이토 신고 감수

혜지원

허브&향신료가
가지고 있는 특별한 힘

허브와 향신료는 항상 인간의 생활에 깊게 뿌리내리고 있습니다. 식문화의 발전에 공헌해 왔을 뿐만 아니라, 그 신비함 때문에 제사나 기도에 사용되거나, 약효 때문에 병 치료나 예방 의료에 사용되어 왔습니다. 장소나 시대가 변해도 사람들은 토지에 뿌리내린 특정 꽃, 잎, 뿌리 등을 독자적인 방법으로 이용했고, 풍요로운 인생을 보내기 위한 도구로서 항상 활용해 왔습니다.

우리에게는 왜 식물의 힘이 필요할까요?

동물인 우리들이 살아가기 위해서는 에너지가 필요합니다. 쌀과 야채나 고기를 먹으며 음식에서 영양분을 받지 않으면 육체를 유지할 수 없습니다. 만약 음식물이 없어져 버린다면, 금세 살아갈 수 없을 것입니다.

그에 비해 식물은 물과 빛이 있으면 스스로 광합성을 해서 여러 가지 유기 화합물을 만들며 자생합니다. 자연계에 있어서 유일한 생산자이며 음식물을 만들어 낼 수 있는 것은 식물뿐입니다. 동물은 식물이 없으면 살아갈 수 없습니다. 식물은 인간이 필요로 하는 3대 영양소인 탄수화물, 지방, 단백질 외에 비타민이나 식물성 섬유를 합성합니다. 또 식물은 세균이나 곤충과 같은 외부의 적이나, 아주 강한 자외선으로부터 자신을 지키고 살아남기 위한 화학 성분을 생·합성합니다. 이는 파이트 케미컬(식물 화학)이라고 불리우며 강한 항산화작용을 합니다. 식물 중에서도 특히 허브에는 여러 가지 활성 화합물이 많이 포함되어 있다는 것을 화학분석을 통해 알 수 있습니다.

약초로서의 역사

먼 옛날, 허브는 영적인 요소가 강하다고 생각하여 악령 퇴치 의식이나 마술에 사용되었습니다. 병에 걸렸을 때에는 직감적으로 고른 약초가 사용되었지만, 시행착오를 반복하면서 어느 약초에 어떤 효과가 있는가 하는 지식이 축적되었습니다.

　조금씩 약초의 지식이 체계화되자 몸을 진찰하고 안 좋은 곳에 알맞은 약초를 처방하는 방식이 정착되었습니다. 그 후 유럽의 수도원을 중심으로 수확된 허브의 보존이나 조절 기술이 발달했고, 임상 의학이 실천되어 서양 의학의 기초가 확립되어 갔습니다.

　19세기에는 허브의 약효 성분을 추출하고 합성한 의약품이 의료의 주역이 되었고, 허브 그 자체는 민간 의료로서 자리를 잡아갑니다. 그러나 합성 약품의 부작용이 문제시되자 다시 자연계의 힘을 가진 허브에 주목하게 되었습니다.

　현재의 의료는 서양 의학이 중심이긴 하지만, 식물 요법이나 심리 요법 등이 합쳐진 통합 의료가 유럽과 미국에서 다양하게 퍼져 가고 있습니다.

서양 메디컬 허브

　서양에서 허브를 이용한 치료법의 역사는 고대 그리스 시대로 거슬러 올라갑니다. 기원전 460년 경, 의학의 아버지 히포크라테스가 폐 감염증에 렁워트 등의 허브를 사용했다는 내용이 있기 때문에 명확합니다. 히포크라테스의 생각을 체계화한 것이 유럽 의료의 기초가 되었습니다. 현재에는 의약품과 식품 사이에 위치한 식물 요법으로서 중요한 역할을 맡고 있습니다.

중의학

　중국의 한민족에 의해 만들어진 전통 의학의 총칭으로, 동양 의학이라고도 불립니다. 일본과 한국의 의학도 기원을 거스르면 여기에서 파생된 것입니다. 진맥, 문진, 촉진, 설진 등에서 도출되는 '증거'를 기초로 침구나 한방 치료를 하고 자연 치유력을 높이는 것을 목적으로 처방을 합니다.

　중의학에서는 '기'(생명 에너지), '혈'(혈액, 순환계, 호르몬 등 태내를 도는 혈액), '수'(혈액, 림프액, 분비액 등 면역에 관련된 것)의 상태와 태어나면서 가진 체질 타입인 '허증'(지치기 쉽고 저항력이 낮다), 중간증(체력이 있는 이상적인 상태), 실증(체력이 넘치며 저항력이 강하다)과의 밸런스를 보면서 개선 방법을 찾아갑니다.

아유르베다

고대 인도를 발상지로 하는 약 5000년의 역사를 가진 전승 의학입니다. 한방(중의학)과 나란히 동양 의학의 쌍벽을 이루는 의학으로, 중국, 그리스, 아랍, 티벳 등의 의학에도 영향을 미쳤습니다. 아유르베다는 병이나 몸의 불량을 부분적으로 파악하는 것이 아니라 생활 전체로 접근해 가면서 몸과 마음의 밸런스를 맞추기 위해 필요한 허브가 치료에 사용되는 것이 특징입니다.

신체에는 세 타입의 생명 에너지(도샤)가 있으며, 그 밸런스가 무너지면 아픔을 호소하고 병이 된다고 여깁니다. 물과 흙의 영향을 받는 '카파(Kapha)', 불과 물의 영향을 받는 '피타(Pitha)', 바람과 하늘의 영향을 받는 '바타(Vatha)', 이 3개의 도샤 밸런스를 유지하는 것이 아유르베다의 기본입니다.

허브 & 향신료를 생활에 도입해봅시다.

최근에는 허브 전문점이나 아로마 테라피 마사지 등도 대중화되었고 슈퍼마켓의 조미료 코너에는 다양한 종류의 향신료가 진열되어 있습니다. 세상에는 수백 종류의 향신료가 있으며 허브는 더욱 많은 종류가 존재한다고 합니다. 이제는 인터넷만 연결하면 각국의 다양한 허브와 향신료를 손에 넣을 수 있는 시대가 되었습니다.

하지만 그런 허브나 향신료들을 좀처럼 다 활용할 수 없는 사람들이 많은 것도 사실입니다. 또, 관심은 있지만 어떻게 시도해야 좋을지 모르는 경우도 있을 것입니다. 그럴 때는 먼저 맛이나 향, 색이나 촉감 등 오감에 끌리는 것을 택하세요. 지쳐 있을 때라면 기운을 나게 하는 효과가 있는 것, 짜증이 나 있을 때라면 릴랙스 효과가 높은 것 등, 그때그때에 맞는 허브와 향신료를 골라서 차로 마시거나 요리의 맛을 낼 때에 시도해 볼 수 있을 것입니다.

그리고 향과 맛을 단서로 입수한 허브의 의학적 작용과 미용 효과 등을 아는 것, 또 원예나 수공예품 등에 이용하는 것을 통해 허브와 향신료가 더욱 친숙한 존재가 될 것입니다.

허브와 향신료가 있는 생활은 향과 함께 윤기와 자극이 더해져 인생을 보다 풍요로운 길로 이끌어 줄 것입니다.

당부의 말

현 단계에서 허브나 향신료의 생태나 효능에 대해서는 명확하지 않은 부분도 많이 있어서 아직 미지의 분야라고 말할 수 있습니다. 그렇기 때문에 잘못된 표현이 있을 가능성도 있습니다. 잘못된 표현을 발견하신 분은 메일로 알려 주십시오. 개정을 통해 내용의 정밀도를 높여 가겠습니다. 협력해 주시면 감사하겠습니다.

주의점

본 책에서 소개하고 있는 허브, 향신료, 정유는 약이 아닙니다. 활용법이나 식물 요법을 병에 대한 치료 요법의 대용으로 쓰지 마십시오. 또 체질이나 몸 상태, 이용법 등에 따라서는 건강을 해칠 가능성도 있기 때문에 필요할 때에는 반드시 의사에게 상담할 것을 권장합니다. 본 책의 감수자, 집필자 및 출판사는 이 책을 통해서 일어난 모든 손상, 부상, 그 밖의 일에 대해서는 책임을 지지 않습니다.

목차

허브 & 향신료가 가지고 있는 특별한 힘 • 4
허브 & 향신료 이용법의 기초 지식 • 12
본 책의 사용 방법 및 취급 시 주의 사항 • 14

★ 취급 주의 허브

ㄱ

가랑갈 • 16
가시오갈피 • 16
가자나무 • 17
갈 너트 • 17
겨우살이 • 18
고려 인삼 • 19
고추냉이(와사비) • 20
과라나 • 21
★ 관동 • 21
광대수염 • 22
구기 • 22
구아바 • 23
국화꽃 • 23
그래인 오브 파라다이스 • 24
그레이프 시드(포도씨) • 25
금잔화 • 26
꿀풀 • 26

ㄴ

나무 알로에 • 27
★ 너트메그(육두구) • 28
네피텔라 • 29
님나무 • 29

ㄷ

달래 • 30
당살초 • 30
대두(콩) • 31
돌외 • 32
두송 • 32
두충 • 33
드라코세팔룸 몰다비카 • 33
★ 디기탈리스 • 34
딜 • 35

ㄹ

라반딘 그로소 • 36
라벤더 • 36
생활 속에서 사용할 수 있는 허브 • 38
여성을 위한 허브 • 40
라일락 • 42
라즈베리 리프 • 42
라크스퍼(비연초) • 43
러비지 • 43
렁워트 • 44
레드 바베리앙(센트란투스) • 44
레몬 • 45
레몬 머틀 • 45
레몬그라스 • 46
레몬밤 • 47
레몬버베나 • 48
레서 갈랑갈(양강근) • 49
레이디스 맨틀 • 49
로젤(식용 히비스커스) • 50
로즈(장미) • 50
로즈메리 • 51
로즈힙 • 53
로켓 • 54
루바브 • 55
루이보스 • 55
★ 루타 • 56

ㅁ

마누카 • 56
마늘 • 57
허브 활용법 ❶ – 마늘 • 58
마로니에 • 60
마시멜로 • 60
마조람 • 61
마카 • 61
마테 • 62

마편초 • 62
마하렙 • 63
★ 마황 • 63
망고 • 64
머그워트 • 64
머스터드 • 65
머틀 • 66
메도스위트 • 66
메이스(육두구) • 67
멜로(블루 멜로) • 68
모노기나산사 • 68
몰약 • 69
무늬월도(月桃) /
알피니아 제룸벳 • 69
무두붉나무 • 70
물냉이(크레송) • 71
민감초(리코리스) • 71
민트 • 72
허브 활용법 ❷ – 민트 • 75
밀크티슬 • 77

ㅂ

바닐라 • 78
바워취 • 79
바질 • 79
허브 활용법 ❸ – 바질 • 82
발리 롱 페퍼
(자바 롱 페퍼) • 84
백묘국 • 84

백자작나무 • 85
버바스컴 • 86
베르가모트 • 87
베르가모트 오렌지 • 88
★ 베토니 • 88
보리지 • 89
복숭아 • 89
부추 • 90
분홍트럼펫나무 • 90
★ 블래더 랙 • 91
블랙 커런트 • 91
비누풀 • 92
비터 오렌지필 • 92
빌베리 • 93
뽕나무(오디) • 93

ㅅ

★ 사사프러스 • 94
사프란 • 94
산마늘 • 95
산초 • 95
산톨리나 • 97
샌들우드(백단) • 97
생강 • 98
허브 활용법 ❹ – 생강 • 100
★ 서양 머위 • 103
서양 민들레 • 104
서양 승마 • 105

서양 쐐기풀 • 105
서양오이풀(샐러드 바넷) • 106
★ 서양쥐오줌풀 • 106
서양톱풀(야로) • 107
석류 • 107
설차 • 108
섬머 세이보리 • 109
세이지(샐비어) • 109
세인트 존스 워트 • 111
★ 센나 • 111
셀러리 • 112
소프베리 • 113
쇠뜨기 • 113
수레국화 • 114
수영 • 114
스타 아니스 • 115
스테비아 • 115
스텔라 원추리 • 116
시나몬 • 117
신선초 • 118
실파 • 118
쑥 • 119
허브 활용법 ❺ – 쑥 • 120

ㅇ

아니스 · 121
아니스 히솝 · 121
아라비카 커피 · 122
아르니카 · 122
아마씨 · 123
아몬드 · 124
아요완 · 125
아위 · 125
아이슬란드 이끼 · 126
아카시아 · 126
아티초크 · 127
안약나무
(메구스리노키) · 128
안젤리카 · 129
알라타 꽃담배 · 130
알로에 베라 · 131
알칸나 · 132
암라 · 132
야생 참마 · 133
약모밀 · 133
양귀비 · 134
양파 · 134
얼룩조릿대 · 135
엘더 플라워 · 135
여주 · 136
연꽃 · 136
영지버섯 · 138

오레가노 · 138
오렌지 플라워 · 140
오렌지 필 · 140
옥수수 · 141
올리브 · 141
올스파이스 · 144
와일드 스트로베리 · 145
우엉 · 146
울금 · 147
스파이스 활용법 ❶ · 149
스파이스 활용법 ❷ · 150
스파이스 활용법 ❸ · 152
원추리 · 154
월계수 · 155
위치하젤 · 156
윈터 세이보리 · 156
유럽피나무(린덴) · 157
유자 · 157
허브 활용법 ❻ – 유자 · 158
유칼립투스 · 160
은엽 아카시아 · 160
은행 · 161
이질풀 · 161
이탈리아목형 · 162
인도 사르사파릴라 · 162
인도 인삼 · 163
인카나타 시계초 · 163
일본 박하 · 164

잇꽃(사플라워) · 165
잎새버섯 · 165

ㅈ

자주루드베키아 · 166
재스민 · 166
전동싸리 · 168
정향(클로브) · 168
제도어리 · 170

ㅊ

차나무 · 171
차조기 · 172
허브 활용법 ❼ – 차조기 · 173
참깨 · 176
창포 · 177
처빌 · 177
천수근(데빌스 클로우) · 178
첨협현구자 · 179
치자나무 · 180
치커리 · 181

ㅋ

카더멈 · 182
카시아 계피 · 183
카옌페퍼(칠리고추) · 184
허브 활용법 ❽ – 카옌페퍼 · 186
카카오(코코아) · 188

칼루나 • 189
캐러웨이 • 189
캐모마일 • 190
허브티의 기본 • 192
힐링을 위한 허브 • 194

캐비지 로즈 • 197
캐퍼라임 • 197
캠포페리아 가랑갈
(산내자) • 198
캣닢 • 198
캣츠 클로 • 199
캣츠 휘스커
(고양이 수염) • 200
커리 리프 • 201
커리플랜트 • 201
커민 • 202
★ 컴프리 • 204
코리앤더(고수) • 205
허브 활용법 ❾ – 코리앤더(고수) • 206
코스투스 • 209
코스트마리 • 209
콜라 너트 • 210
큐베브 • 210
크랜베리 • 211

ㅌ

타라곤 • 212
타마린드 • 212
타임 • 213
탄지 • 214
털머위 • 215
톱야자(쏘팔메토) • 215
티트리 • 216

ㅍ

파슬리(컬리 파슬리) • 216
판다누스 • 217
★ 페리윙클 • 217
펜넬 • 218
프로스탄테라 • 219
피버퓨 • 219
필발 • 220

ㅎ

한련 • 220
해바라기 • 221
헬리오트로프 • 221
헴프(대마) • 222
호로파 • 223
호박씨 • 224
호스래디시 • 224
홉 • 225
홍경천 • 225

화이트 윌로 • 226
황화구륜초 • 226
후추 • 227
흑종초 • 229
흰털질경이 • 230
히드라스티스 카나덴시스 • 231
★ 히솝 • 232

주된 품종과 효능 알람 • 233
참고문헌 • 239

허브 & 향신료
이용법의 기초 지식

'생'을 즐긴다

수확한 허브를 건조시키지 않고, 그대로 맛봅니다. 종류에 따라 다르지만 프레시 허브 쪽이 향을 강하게 즐길 수 있습니다. 겉모습의 아름다움과 계절감도 맛볼 수 있는 것이 특징입니다.

이용법
허브티나 샐러드에 사용할 수 있으며 허브의 풍미와 약효를 유지하기 위해 비니거(서양 식초의 한 종류)나 오일에 담가서 조미료로 이용할 수도 있습니다.

고르는 방법
잎의 색이 짙은 녹색이며, 아삭하고 생기가 있는 것을 고릅니다. 직접 수확할 때에는 사용하기 직전에 땁니다. 가능하다면 맑은 날 오전 중에 부드럽고 어린 것을 땁니다. 꽃은 개화 직후가 향이 가장 강하다고 알려져 있습니다.

보존 방법
채소와 동일하게 취급합니다. 자른 부분은 촉촉한 페이퍼 타월로 싼 뒤 밀폐 용기에 넣어 습도를 유지해서 냉장고의 채소실에 보존합니다. 바질은 추위에 약하기 때문에 여름철 외에는 냉장고에 넣지 않고 물에 꽂아두면 좋습니다.

'드라이'를 즐긴다

수확 후, 바로 바람을 쐬게 해서 건조시킨 것을 드라이 허브라고 부릅니다. 원형 그대로 건조시킨 홀 타입과 분쇄한 파우더 타입이 있습니다. 드라이 허브는 계절에 관계없이 유통되기 때문에 여러 가지 종류를 가볍게 연속해서 사용할 수 있습니다. 또 프레시 허브와 비교하면 수분량이 적어 약효 성분을 많이 섭취할 수 있다는 이점도 있습니다.

이용법
허브티나 향신료로서 요리에 포인트로서 사용하는 것이 대중적이지만, 차로 내복하거나 팩으로 외용할 수도 있습니다.

고르는 방법
드라이 허브는 '식용'과 '잡화'로 취급합니다. 잡화로 취급되는 포푸리나 드라이플라워는 착색, 착향이 되어 있는 경우도 있어 식용 드라이 허브를 고릅니다. 또 필요한 허브가 있을 때는 반드시 학명을 체크합시다. 국제 명명 규칙에 따라 라틴어로 통일된 학명이라면 세계 공통이어서 틀릴 일이 없습니다. 그 밖에도 원산지, 부위, 제조 연월일 등도 향이나 효능에 영향을 미치기 때문에 용도에 맞는 신선한 것을 고릅시다.

보존 방법
드라이 허브의 가장 큰 적은 '습기'입니다. 건조제를 넣은 밀폐 용기에 보관해서 차고 어두운 곳에 둡니다. 여름철에는 냉장고의 채소실에 넣어도 좋습니다. 하지만 장기간 보존은 품질의 저하를 부르므로 소량씩 구입해서 채웁니다.

정유를 즐긴다

정유는 '오일' 같은 이미지가 있지만 지방은 아닙니다. 식물의 꽃, 씨, 열매의 껍질, 수지, 뿌리 등의 부위에서 식물 스스로가 만들어 내는 천연 방향 성분을 파괴되지 않도록 추출한 것을 정유라고 부릅니다.

정유의 특징
식물에서 추출된 향은 심신의 상태를 바로잡고 미용에도 도움이 된다고 알려져 있습니다. 아로마 성분이 후각 세포를 자극하면 희로애락을 컨트롤하는 대뇌변연계에 작용해서 신경을 릴랙스시키고 면역 기능을 높이는 효과를 기대할 수 있습니다.

이용법
정유는 아로마 테라피(방향 요법)로 이용합니다. 대중적인 방법은 식물 기름으로 희석해서 마사지 오일로 사용하는 방법입니다. 비강이나 피부에서 유효 성분을 흡수하기 때문에, 바로 뇌나 몸에 효과를 가져옵니다. 뜨거운 물에 정유를 떨어뜨려 증기로 만드는 것만으로도 향이 퍼져 목욕할 때에도 좋습니다. 또 살균과 냄새를 없애는 효과를 가진 정유도 있습니다. 벌레 퇴치 스프레이나 디퓨저로 사용할 수도 있습니다.

고르는 방법
정유를 구입할 때는 100% 천연인 정유를 고르는 것이 기본입니다. 합성 향료나 알코올 등으로 희석되어 있는 정유는 피합시다.

보존방법
정유는 자외선을 받으면 품질이 나빠져서 다갈색 등 차광된 병에 넣은 상태로 세워서 보관합니다. 통풍이 좋으면서 차갑고 어두운 곳에 두고, 미개봉이라면 5년, 개봉했다면 1년을 기준으로 사용합시다. 감귤계의 정유는 향이 날아가기 쉽기 때문에 빨리 사용합시다.

취급 시 주의점
정유의 유효 성분 중에는 효과가 굉장히 강한 성분도 있어서 권장량을 지키는 것이 중요합니다. 또 피부에 직접 닿으면 알레르기 반응을 일으키는 경우도 있기 때문에 반드시 식물 기름 같은 것으로 희석한 뒤에 사용 전에 피부 접촉 검사를 하도록 합시다.

본 책의 사용 방법 및 취급 시 주의 사항

허브나 향신료가 자연계의 것이라고 해서 몸에 온화한 작용만을 일으키는 것은 아닙니다. 작용이 굉장히 강하기 때문에, 신중하게 사용해야 하는 허브도 많이 있습니다. 취급 시에는 아래에 적힌 사항들을 지킨 다음 사용하십시오.

용도
허브와 향신료를 용도에 따라 각각 색을 나누어서 소개하고 있습니다.

- 아로마 테라피용
- 스킨케어용
- 미용건강용
- 화장품 원료용
- 마사지용
- 헬스케어용
- 염색용
- 공예용
- 수공예용
- 원예용
- 약용
- 음료용
- 식용
- 기호용
- 목재용
- 방충용
- 산업용
- 향료용
- 방향용
- 관상용

풍미
맛이나 향에 대해서는 느끼는 방식이나 개인차가 있습니다.

이용법
일반적으로 알려져 있는 주된 이용법입니다.

주의점
허브나 향신료에는 약효가 강한 것도 있고, 몸 상태에 따라서는 사용을 삼가는 것이 좋은 경우나 사용해서는 안 되는 경우 등이 있습니다. 사용에 관한 주의 사항을 정리해 두었습니다.

해설
식물 이름의 유래나 이용한 역사 등, 배경에 있는 이야기를 기술했으며 서양의 민간 요법, 아유르베다, 중의학에 있는 주된 효능을 모아 두었습니다.

주의할 점
- 지병이 있거나 종래의 의약품을 복용하고 있는 경우에는 반드시 의사와 상담을 한 뒤에 섭취하도록 합시다. 임신 중이거나 12세 미만의 아이, 70세를 넘은 성인의 경우도 마찬가지입니다.
- 정해진 양 이상은 사용하지 않도록 합시다.
- 허브 요법을 시작하고 2~3주가 지나도 개선되지 않았을 때는 전문가에게 상담을 합시다.
- 야생 식물은 절대 채집하지 않도록 합시다.

몸과 마음에 좋은 316가지
허브와 향신료 도감

가랑갈

Galangal, Greater Galangal

학명 : *Alpinia galanga*
과명 : 생강과
원산지 : 인도 동부
이용부분 : 뿌리

풍미 유칼리와 비슷한 향이며 생강이나 페퍼와 레몬의 신맛을 합친 것 같은 맛

이용법 식용, 약용

주의점 특별히 알려져 있지 않다.

해설 가랑갈은 크게 큰 가랑갈과 작은 가랑갈로 나뉜다. 여기에 나온 가랑갈은 인도네시아나 태국, 말레이시아의 카레나 찜 요리에 맛을 내기 위해 사용되는 큰 가랑갈이다. 동양 의학에서는 코나 목 등의 점막의 염증이나 호흡기질환 등의 약으로 처방하는 경우도 있다. 또 복통이나 위염에도 효과가 있다고 알려져 있다. 발한이나 흥분, 자극, 항류머티즘 같은 약리효과가 있다고도 여겨진다.

날것을 슬라이스한 것은 상쾌한 향이 난다.

검처럼 생긴 잎이 특징적

가시오갈피

Eleutherococcus

학명 : *Acanthopanax senticosus*
별명 : 가시오가피, 시베리아 인삼
과명 : 두릅나무과
원산지 : 한국(지리산 이북), 동러시아, 중국 북부, 홋카이도 동부
이용부분 : 줄기, 뿌리, 뿌리줄기

풍미 약간 쓴맛이 있다.

이용법 약용, 음료용

주의점 고혈압인 사람은 사용을 피할 것

해설 우리나라에 넓게 자생하고 있으며 가지에는 딱딱한 가시가 있다. 뿌리는 '시베리아 인삼'이라고 불리며, 피로 회복효과가 있다고 알려져 있다. 스트레스에 대한 적응력을 높여 줘서 감염 예방 등에도 사용한다.

높이는 약 2m 정도 된다.

가자나무
Myrobalan

학명 : *Terminalia chebula*
별명 : 미로발란
과명 : 사군자과
원산지 : 인도, 열대 아시아
이용부분 : 씨, 열매, 나무껍질

가자나무의 열매는 건조시키고 으깨서 파우더 상태로 만들어서 사용한다.

`풍미` 쓰고 시다.
`이용법` 약용, 염색용, 헬스케어용
`주의점` 임신 중에는 피할 것. 월경 과다일 때에는 사용하지 말 것. 과잉 섭취하면 설사를 하기 때문에 주의
`해설` 인도 북부에서 버마의 삼림에 자생하는 가자나무의 열매는 타닌, 케불린산이 많이 함유되어 있다. 염료로 사용하는 것 외에 아유르베다에서는 과피나 과육을 장의 강장제로 이용하는 한편, 수렴작용이 있기 때문에 피부나 점막의 궤양에도 효과가 있다고 여겨지고 있다. 또 회춘 작용이 있어서 가자나무 씨의 기름은 새치에 좋다고 알려져 있다. 한방에서는 '가자(訶子)'라는 생약명으로 불리며 밑에서 끌어 올라오는 듯한 기침을 진정시키는 작용도 알려져 있다.

갈 너트
Gallnuts

명칭 : 갈 너트(영어명), 몰식자(일어명)
과명 : 너도밤나무과

새싹이 변형되어 부푼 것

`이용법` 잉크
`주의점` 특별히 알려져 있지 않다.
`해설` 너도밤나무과 식물의 새싹이 변형되어 15~20mm 크기의 혹이 된 것이다. 새싹에 잉크 혹벌이 산란하고 그 안에서 성장하기 위해 생기는 충영이다. 몰식자라고도 하며, 타닌이 많이 함유되어 있다고 알려져 있다. 갈 너트의 타닌산(몰식자산)과 황산철을 조합해서 만들어진 몰식자 잉크는 시간이 경과할수록 색이 진해진다고 여겨져 중세부터 근세 유럽에서는 법적 서류 등을 작성할 때에 빼놓을 수 없었다. 현재에는 오래된 기법을 좋아하는 예술가 등에게 사랑받고 있다. 또 붉나무라고 하는 옻나무과 식물에도 같은 모양의 충영이 생기는데 '오배자'라고 부른다. 상복의 염색이나 이빨을 검게 물들이는 데에 쓰이는 한편 생약으로 수축, 지혈, 해독 목적으로 현재에도 사용되고 있다.

겨우살이
Mistletoe

학명 : *Viscum album*
과명 : 겨우살이과
원산지 : 유럽, 북아시아
이용부분 : 꽃, 줄기, 잎

풍미 열을 가하면 냄새가 난다.
이용법 음료용, 약용
주의점 단백 과민증, 결핵, 에이즈 같은 만성 진행성 감염증에는 사용하지 말 것
해설 겨우살이는 낙엽수에 반기생하는 상록식물이다. 켈트나 게르만의 수목 신화에 등장하며 오래전부터 그 존재가 알려져 왔다. 암세포에 대한 세포 독성이나 면역 촉진작용이 있다고 하여 전초를 냉침출하여 내복한다. 또 느슨한 강압효과가 있어서 심장, 순환기계에도 잘 맞는다.

반기생하는 겨우살이

고려 인삼

Chinese ginseng, Korean ginseng

학명 : *Panax ginseng*
과명 : 두릅나무과
원산지 : 중국 동북부, 한반도 북부
이용부분 : 뿌리, 뿌리줄기

풍미 처음에는 약간 달지만 그 뒤에 살짝 쓴맛이 있다. 향은 달다.

이용법 음료용, 약용, 헬스케어용

주의점 고혈압에는 금할 것. 생약으로 사용하는 경우에는 한방의와 상담할 것

해설 오래전부터 동양을 대표하는 강장 허브로 알려졌으며, 갈라진 뿌리의 형태가 사람의 모습을 연상시켜서 '인삼'이라고 불렸다. 체내 신진대사기능의 증진이나 중추 흥분작용 등 정신적으로나 육체적으로도 활력을 증강시키는 효과가 있다. 아유르베다에서는 우유로 우려내면 성질이 누그러져서 양질의 회춘 강장제가 된다고 알려져 있다. 쇠약하지 않을 때 사용하면 흥분작용이 일어나 코피가 나오거나 두통이 일어나는 경우도 있다. 높은 효능 때문에 한방에서도 여러 가지 배합으로 처방하고 있고 특히 위장계나 호흡기계를 활성화시키는 생약으로도 알려져 있다. '죽절인삼(竹節人参)', '삼칠 인삼(三七人参)', '서양 인삼(西洋人参)' 등 유사 생약도 많지만, 모두 다른 품종이며 각각 다른 효능을 가지고 있다.

고려 인삼의 뿌리

약간 편평하고 붉은 열매를 맺는다. 안에는 흰색 씨가 있다.

삼계탕

고려 인삼 밀크티 만드는 법

고려 인삼 – 2g, 생강(간 것) – 작은 숟갈로 1/2술
설탕 – 작은 숟갈로 1~2술, 우유 – 400cc
모든 재료를 우유 냄비에 넣고 중불에서 우린 다음 끓이면 완성이다.

🌿 고려 인삼의 산지

재배물보다 천연물 쪽이 약효는 강하지만 야생 고려 인삼의 채취는 상당히 어렵다. 현재에는 전체의 약 70% 이상이 한국과 중국에서 재배되고 있다. 수확할 때까지 약 4~6년 정도의 세월이 걸리는 데다가 밭의 영양분을 있는 힘껏 흡수해 버리기 때문에 같은 밭에서는 15~50년 정도 비워 두지 않으면 재배할 수 없다고 한다. 우수한 약효를 얻기 위해서는 긴 세월이 필요하기 때문에 고가에 거래되고 있다.

🌿 고려 인삼의 이용법

삼계탕 등 약선 요리에 이용하기도 하고 인삼차나 영양 드링크, 껌, 비누, 화장품 등에도 사용한다.

고추냉이(와사비)
Wasabi, Japanese horseradish

학명 : *Wasabia japonica*
과명 : 십자화과
원산지 : 일본
이용부분 : 뿌리줄기, 줄기, 잎, 꽃

고추냉이의 계단식 논

풍미 코를 찌르는 독특한 향과 자극적이며 상쾌한 맛
이용법 식용
주의점 특별히 알려져 있지 않다.
해설 일본이 원산지인 식물로 산의 맑은 물을 따라 자란다. 일본에서는 뿌리줄기는 갈아서 사용하며 잎이나 꽃은 나물무침에, 줄기는 잘게 잘라서 절임 등에 이용한다. 매운 성분인 알릴이소티오시아네이트(시니그린에서 변화)가 함유되어서 강한 항균 작용이 있다. 매운 성분은 뿌리줄기의 윗부분에 많고 끝으로 갈수록 적다. 또 시원시원한 향에는 식욕 증진이나 소화를 촉진하는 효과도 있다. 막 갈아 낸 쪽이 향도 맛도 좋다.

서늘한 기후와 깨끗한 물이 있는 장소가 고추냉이를 재배하기에 적합하다. 풍부한 지하수가 있는 시즈오카현의 아마기산 기슭이나 후지산 기슭, 나가노현의 아즈미노시에서 재배가 왕성히 이루어지고 있다. 저습지에서 재배되는 '택(沢)고추냉이'를 개량한 것이 밭에서 만들어진 '밭(畑)고추냉이'(또는 '육지(陸)고추냉이')다. 풍미는 택고추냉이 쪽이 좋다.

최고 품종이라고 알려진 '마즈마(真妻)'종, 시즈오카현산

🍃 고추냉이 가는 방법
줄기를 모두 제거한 뒤 윗부분부터 간다. 곧게 갈아 조직을 파괴하면서 공기를 머금게 하면 매운맛이 나온다. 뿌리줄기 부분을 동그라미를 그리듯이 갈면 힘 조절을 최적으로 하는 것과 동시에 맛을 풍부하게 할 수 있다. 강판에 알루미늄박을 씌워서 사용하면 맛있게 갈아 낼 수 있다.

꽃고추냉이
봄에 피는 꽃에도 매운맛이 있으며 잎과 함께 나물무침이나 덴푸라로 먹는다.

고추냉이 절임
고추냉이 절임은 잎에서 뿌리줄기까지 모두 사용한다. 원재료는 고추냉이, 소금, 설탕, 술지게미이다. 고추냉이의 예민한 향과 매운 맛이 술지게미의 단맛에 의해 누그러져서 입에 닿는 감촉을 좋게 하는 것이 특징적이다. 밥반찬이나 술안주로 그대로 먹거나 혹은 어묵 등과 버무려서 사용한다.

과라나
Guarana

학명 : *Paullinia cupana*
과명 : 무환자나무과
원산지 : 남미 아마존강 유역
이용부분 : 씨, 꽃

`풍미` 커피 같은 독특한 쓴맛과 향
`이용법` 약용, 음료용
`주의점` 과량, 장기간 사용은 피할 것
`해설` 과라나의 어원인 과라니족은 과라나의 씨를 볶아서 물과 섞어 페이스트 상태로 만들어 이용했었는데, 이 방법은 초콜릿 제조법의 원형으로 알려져 있다. 과라나에는 커피의 3~5배의 카페인과 풍부한 타닌이 함유되어 있어서 과라나에서 알코올을 추출한 엑기스는 피로 회복이나 자양 강장에 사용되면서 심장병이나 편두통, 설사를 멈추는 데에도 사용된다.

열매는 작고 둥글며 송이 모양으로 자란다.

씨를 잘게 부수어 물과 탄산수, 술 등에 넣어 자양 음료로 마신다.

관동
Coltsfoot

 취급주의

학명 : *Tussilago farfara*
과명 : 국화과
원산지 : 지중해 연안
이용부분 : 꽃, 줄기, 잎

`풍미` 향도 담백해서 마시기 쉬운 맛
`이용법` 음료용, 약용
`주의점` 임신 중, 수유 중에는 피할 것. 장기간 사용은 피할 것
`해설` 복수초와 닮아서 정월용 모아심기 등으로도 자주 나돌고 있다. 학명인 'Tussilago'는 '기침을 튀기다'라는 의미로 뛰어난 진해, 거담작용이 있고, 기침을 동반한 감기나 기관지염, 천식 증상의 완화에 사용되어 왔다. 그 밖에도 위를 튼튼히 하는 작용도 있고 속 쓰림 방지도 된다. 잎은 독성이 있지만 규정된 양 안에서 사용하면 부작용 등의 걱정은 없다. 생약으로도 밑에서 올라오는 듯한 기침이나 천식, 가래 막힘에 처방된다.

관동의 잎

민들레와 닮은 꽃을 피운다.

광대수염

White deadnettle

학명 : *Lamium maculatum*
과명 : 꿀풀과
원산지 : 일본, 중국, 동남아시아
이용부분 : 꽃, 줄기, 잎, 뿌리줄기

풍미 독특한 냄새가 있다.
이용법 음료용, 식용, 약용, 헬스케어용
주의점 특별히 알려져 있지 않다.
해설 중국에서는 옛날부터 민간요법으로 생리 불순이나 비뇨기 질환의 치료에 사용해 왔다. 요통이 있을 때에 건조시킨 것을 자루에 넣고, 약탕료로 사용하는 경우도 있다. 타닌이나 플라보노이드가 함유되어 있기 때문에 피부나 머리카락의 건강 유지를 위한 헬스케어용품으로도 사용한다. 라미움이라는 이름으로 많은 원예 품종이 있어서 정원의 그라운드 커버로도 인기가 있다.

꽃의 색으로는 흰색과 핑크색이 있다.

구기

Chinese wolfberry

학명 : *Lycium chinense*
과명 : 가지과
원산지 : 중국 하북성, 호북성, 산서성
이용부분 : 열매, 잎, 과피

풍미 단맛과 감칠맛이 있는 맛
이용법 음료용, 식용, 약용
주의점 임신 중, 수유 중에는 피할 것. 저혈압인 사람은 피할 것
해설 중국에서는 불로장수의 효과가 있다고 해서 수프나 죽에 넣는다. 생식이나 건조한 것 혹은 열매를 술에 담가서 구기주로도 이용되며, 피로 회복효과가 있다고 알려져 있다. 구기의 열매는 구기자(枸杞子), 뿌리껍질은 지골피(地骨皮)라고 하는 생약이 되며 구기자는 자양 강장이나 신진대사의 증강에, 지골피는 발열 억제나 해열, 혈당을 내리거나 혈압을 낮추는 데에 처방된다.

말린 잎(구기잎)

건조한 구기의 열매

구아바

Guava, Apple guava

학명 : *Psidium guajava*
과명 : 도금양과
원산지 : 열대 아메리카
이용부분 : 잎, 열매

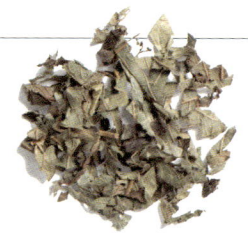

잎은 여름에 채취해서 잘게 잘라 건조시킨다.

5~12cm 정도의 원형 또는 배 모양의 열매. 익으면 노란색이 된다.

`풍미` 잎은 박하 같은 향이 나며, 열매는 달고 신맛이 있다.

`이용법` 음료용, 식용, 약용, 관상용

`주의점` 심장병, 저혈당증인 사람은 의사와 상담할 것

`해설` 높이 3~4m 정도인 상록관목. 잎이나 나무 모양이 아름다워서 난지에서는 관상용으로도 재배한다. 오래전부터 오키나와현이나 대만에서는 당뇨병, 설사, 치통, 구내염, 위궤양에 효과가 있다고 해서 열매나 잎이 이용되어 왔다. 한방에서는 '번려차(番麗茶)'라는 이름으로 친숙하며, 장을 정리하는 효과나 설사를 멈추는 효과도 인정받고 있다.

국화꽃

Chrysanthemum flower

학명 : *Chrysanthemum morifolium*
별명 : 들국화, 식용국화
과명 : 국화과
원산지 : 중국, 일본, 한반도
이용부분 : 꽃

여름부터 가을까지의 꽃을 채취해서 건조시킨 것

`풍미` 시원시원한 향, 상쾌하고 쓴맛

`이용법` 약용, 음료용, 관상용

`주의점` 특별히 알려져 있지 않다.

`해설` 생약명은 '국화(菊花)'이며 눈의 충혈이나 침침한 눈, 두통, 발열, 구갈에 처방된다. 서양에서는 화상, 무좀, 여드름, 습진 같은 피부질환에 대한 감염증에 사용된다. 아유르베다에서는 몸을 식히는 작용이 있다고 하여 여름철 더위나 화, 짜증을 진정시키는 데에 사용하고 있다.

그래인 오브 파라다이스
Grains of Paradise

학명 : *Aframomum melegueta*
과명 : 생강과
원산지 : 서아프리카
이용부분 : 씨

그레인 오브 파라다이스 홀

풍미 카더멈과 비슷한 약한 향이며 맛은 후추와 비슷해서 톡 쏜다.
이용법 식용, 약용
주의점 특별히 알려져 있지 않다.
해설 유럽에서 후추를 손에 넣기 어려웠던 시절에 대용품으로 사용된 향신료다. 북아프리카의 혼합 향신료인 '라 세라누'의 원료 중 하나다. 현재에는 주로 가나 등 서아프리카의 민족 요리에 사용되고 있다. 감자나 가지, 어린 양고기 등과 궁합이 좋고, 과실주의 향을 내는 데에도 사용된다. 으깬 씨는 소화 불량이나 기관지염, 류머티즘의 개선에 효과가 있다고 여겨지고 있다. 서아프리카에서는 변비의 자극제나 이뇨제로 사용하고 있다.

잎은 생강과 매우 닮았다.

그레이프 시드 (포도씨)
Grapeseed

학명 : *Vitis vinifera*
과명 : 포도과
원산지 : 이탈리아
이용부분 : 씨

포도씨유

풍미 무미무취이고 깔끔한 맛
이용법 식용, 마사지용
주의점 특별히 알려져 있지 않다.
해설 포도씨를 짜서 만들어진 포도씨유는 콜레스테롤과 트랜스지방산이 0%이다. 게다가 항산화작용이 뛰어난 비타민E나 폴리페놀이 풍부하게 함유되어 있기 때문에 가벼운 느낌의 튀김이나 볶음을 만들 수 있으며 드레싱에도 적합하다. 토코페롤(비타민E의 동족체)이 많이 함유됐기 때문에 산화가 잘 되지 않는 이점이 있다.

> **캐리어 오일로도 인기**
> 미끄러짐이 매우 좋고 매끄럽게 침투하며 끈적거리지 않기 때문에 아로마 트리트먼트 등을 할 때에 정유를 희석한 캐리어 오일로도 많이 사용한다.

🌿 사용하는 방법은 여러 가지
유럽에서는 오래전부터 샐러드유, 조리유, 건강 식품으로 이용했고 미국에서는 저알레르기성 크림을 만드는 데에 배합했다.

🌿 포도나무
포도씨는 열매나 와인의 원료용으로 전 세계에서 재배되고 있는 포도나무에서 채집되며 약 3,000종류의 재배종이 있다고 알려져 있다. 포도의 품종에 따라 기름에도 약간의 성분 차이가 있다. 덩굴을 뻗어 20~30m 정도의 길이로 자라며 흔히 알려진 포도 열매를 맺는다.

와인 등을 제조하기 위해 제거된 씨가 원료

금잔화
Pot Marigold

학명 : *Calendula officinalis*
별명 : 카렌듈라
과명 : 국화과
원산지 : 지중해 연안
이용부분 : 꽃, 줄기

풍미 향은 거의 없으며, 담백한 맛
이용법 음료용, 식용, 관상용, 염색용, 공예용, 약용, 헬스케어용
주의점 특별히 알려져 있지 않다.
해설 꽃이름은 금잔화로, 일반 매리골드와는 완전히 다른 것이다. 생이나 드라이한 꽃잎을 차로 만들어서 이용한다. 카로티노이드나 플라보노이드가 함유된 꽃잎에는 항염증이나 살균작용이 있어서 피부나 점막 손상에 사용한다. 부스럼이나 부종을 억제하는 약효가 있어서 음용이나 습포 등 내외용으로 모두 사용한다. 발한 작용이 있기 때문에 감기 증상의 완화 효과로도 인정받고 있다.

금잔화의 꽃은 2~3월에 개화한다.

꿀풀
Seif heal

학명 : *Prunella vulgaris*
이용부분 : 꽃이삭, 줄기, 잎

풍미 냄새는 딱히 없지만, 은은하게 쓴맛이 있다.
이용법 음료용, 식용, 약용, 관상용
주의점 특별히 알려져 있지 않다.
해설 꿀풀은 '자연 치유'라는 의미로, 오래전부터 상처에 바르는 약으로 사용되어 왔다. 지혈효과나 소염작용이 뛰어나서 지혈제나 가글액 등에 사용된다. 또 허브티에는 항균, 이뇨작용이 있다고 알려져 있다.

꽃이삭을 말린 것

홍자색을 띈 입술 모양의 꽃을 많이 피운다.

런너를 뻗으며 잘 늘어난다.

관목 모양이 되기 때문에 나무 알로에라고 한다.

나무 알로에

Aloe

학명 : *Aloe arborescens*
과명 : 알로에과
원산지 : 남아프리카, 마다가스카르
이용부분 : 잎

풍미 풋내가 나며 쓴맛이 강하다.

이용법 약용, 보습재로서의 스킨케어용, 식용, 음료용

주의점 임신 중, 과민성 장 증후군, 내치핵, 충수염, 신장 질환이 있는 사람은 피할 것. 장기간의 다량 섭취는 피할 것

해설 옛날부터 '의사가 필요 없음'이라고 불리고 있는 생약이다. 나무 알로에 잎의 즙을 그대로 혹은 갈거나 날 것인 채로 잘라서 물로 끓인 액을 복용하면 소화 불량이나 위염에 효과가 있다고 알려져 있다. 양을 늘리면 변비 해소에도 효과적이며 외용으로 상처나 화상 치료에도 사용된다.

너트메그(육두구)

Nutmeg

학명 : *Myristica fragrans*
과명 : 육두구과
원산지 : 동인도 제도, 말루쿠 제도
이용부분 : 종자의 핵

풍미 신선하며 결이 좋고 꽃다운 향기가 풍부하며 달고 강한 맛

이용법 식용, 약용

주의점 대량으로 복용하면 환각을 보거나 졸음을 불러일으키는 경우가 있기 때문에 주의할 것. 임신 중에는 사용하지 말 것

해설 동남아시아나 중국, 인도, 유럽과 전 세계에서 굉장히 많이 사용되고 있는 향신료다. 고기의 잡내 제거용으로 햄버거 등의 다진 고기 요리나 스튜에 넣는 것 외에 매시드 포테이토, 오믈렛, 채소 소테, 그라탕 등 유제품을 사용한 요리와의 궁합도 좋다. 동양 의학에서는 기관지염이나 류머티즘, 위장염, 복부 당김 등의 약으로 처방한다. 아유르베다에서는 소장의 흡수력을 높이는 데에 가장 좋은 향신료라고 하며 버터밀크에 넣어서 마시면 소화력을 높이고 설사를 멈추는 작용이 있다고 여긴다.

살구와 닮은 열매가 익어서 갈라지면 씨가 나온다.

너트메그의 씨

너트메그 파우더

씨의 껍질을 까면 너트메그가 나온다.

1개에서 2종류의 향신료

너트메그 및 메이스라는 2종류의 향신료를 육두구라는 식물에서 채집할 수 있다. 육두구는 군생하는 상록수이며 너트메그는 열매의 씨 속에 있는 핵(인) 부분이다. 타원형으로 회색빛을 띤 갈색 주름이 있는 껍질을 뒤집어쓰고 있으며 알맹이는 딱딱하고 연갈색을 띠고 있다.

너트메그 전용 강판

옛날 유럽에는 너트메그를 수납할 공간이 붙어 있는 전용 강판이 있었다. 너트메그의 분말은 금방 맛이 날아가기 때문에 사용 시에 강판으로 가는 편이 낫다. 화가인 로트레크는 너트메그와 전용 강판을 항상 주머니에 넣어 다니며 술에 넣어 마셨다고 한다.

너트메그 전용 강판

특징
높이 12m 이상이나 되는 상록수다. 잎은 타원형에 진한 녹색이며 엷은 노란색의 작은 꽃이 핀다. 나무를 심고 나서 7~8년이 되어야 겨우 열매를 맺게 된다. 열대 해안 기후에서 자라기에 적합하며 특히 말루쿠 제도 같은 화산재가 함유된 토양이나 점토질의 토양을 좋아한다.

네피텔라
Lesser calamint

학명 : *Calamintha Nepeta*
과명 : 꿀풀과
원산지 : 남유럽~지중해 연안
이용부분 : 꽃, 줄기, 잎

- 풍미 민트와 방충제가 합쳐진 듯한 강한 향
- 이용법 음료용, 공예용, 관상용, 식용, 헬스케어용
- 주의점 특별히 알려져 있지 않다.
- 해설 박하속과는 다른 속의 다년초다. 네피텔라의 줄기는 기부에서 가지가 잘 갈라지기 때문에 우거지게 되며 많은 꽃이 차례차례로 긴 기간 동안 피기 때문에 정원을 꾸밀 때 귀하게 여긴다. 예전에는 강심약에 쓰는 약용 허브로 이용되었지만 최근에는 약용으로의 이용은 거의 없다.

잎의 모양은 달걀형으로 서로 마주보며 자란다.

꽃의 지름이 5mm 정도인. 흰색이나 엷은 보라색의 작은 꽃을 빽빽이 피운다.

님나무
Neem

학명 : *Azadirachta indica*
과명 : 멀구슬나무과
원산지 : 인도
이용부분 : 씨, 열매, 뿌리, 나무껍질, 잎

- 풍미 쓴맛이 있다.
- 이용법 약용, 방충용, 헬스케어용
- 주의점 임신 중이거나 임신을 바라는 여성은 피할 것. 소아는 사용하지 말 것
- 해설 인도가 원산지로 '기적의 나무', '마을의 약국'이라고 불리며 생활 속에서 활용되고 있는 만능 허브다. 어리고 부드러운 가지는 칫솔로, 잎은 위궤양 등의 전제(생약을 오랫동안 달여서 만든 약)로, 뿌리는 무좀이나 말라리아 등의 약제로 쓰이며 과육은 비뇨기계의 감염증 등에 효과가 있다고 한다. 또 씨의 추출액은 강력한 해충 구제효과가 있다고 인정받고 있지만, 비료로서도 우수한 효과가 있어서 환경을 해치지 않는 환금 작물로 여겨진다. 인도의 농원에서는 벌레가 다가오지 않도록 주위에 님나무를 심고 있다. 아유르베다에서는 가장 강력한 혈액 정화제이며 해독제로 취급하고 있다.

작은 가지는 칫솔 대용으로 사용

님나무의 열매는 노란색으로 변하면 부드러워진다.

달래
Wild Onion

학명 : *Allium grayi*
과명 : 백합과
원산지 : 한국, 일본, 중국
이용부분 : 줄기, 잎, 뿌리, 비늘꼴줄기

풍미 양파와 비슷한 코를 찌르는 향이며, 락교와 마늘을 합친 것 같은 맛

이용법 약용, 식용, 음료용

주의점 특별히 알려져 있지 않다.

해설 땅 속에 생기는 달래는 양파와 비슷한 향과 매운맛이 있는 채소로 식용으로 쓰인다. 살균작용을 가진 타닌과 비슷한 성분이 함유되어 있어 습진, 벌레 쏘임, 부스럼 통증 등에 사용된다. 또 칼륨이 많이 함유되어 있어서 염분을 배출하고 고혈압 예방효과가 있다.

식용으로 쓸 수 있는 비늘줄기는 삽 같은 것으로 파낸다.

양지바른 둑 등에서 잡초처럼 자란다.

당살초
Gurmar

학명 : *Gymnema sylvestre*
별명 : 가가이모과, 당살초
과명 : 박주가리과
원산지 : 인도
이용부분 : 잎

풍미 어렴풋이 혀가 저리는 듯한 풍미

이용법 음료용, 약용, 헬스케어용

주의점 아이에게는 사용하지 말 것. 당뇨병 약을 복용 중인 경우에는 의사와 상담할 것

해설 당살초를 섭취하면 10분 정도 단맛을 느끼기 어려워지며 단맛에 대한 욕구가 억제되어서 소장에서의 당분 흡수를 저해하는 작용이 있다고 알려져 있다. 그 때문에 아유르베다에서는 약 2000년 전부터 당뇨병의 치료약으로 사용되어 왔다. 당의 흡수를 억제하는 작용이 있기 때문에 다이어트용 보조 식품 등에도 배합되고 있다.

말린 잎

당살초의 잎

대두(콩)
Soybean

학명 : *Glycine max*
영명 : Soy bean
과명 : 콩과
원산지 : 아시아
이용부분 : 씨

`풍미` 은은한 단맛이 있다.
`이용법` 식용, 약용, 음료용, 헬스케어용
`주의점` 특별히 알려져 있지 않다.
`해설` 오래전부터 인간의 식생활에 밀착한 식재료로 식탁에 올라가는 대두 제품에는 두부, 미소, 간장, 콩가루, 낫토, 완두콩, 두유, 두부껍질 등 다수가 있다. 대두에 포함된 이소플라본 배당체의 피토에스트로겐 작용이 대두를 많이 먹는 일본인이 유방암, 자궁암, 전립선암의 사망률이 낮은 원인이라고도 지적되고 있다. 마찬가지로 핫플래시나 가슴 두근거림 같은 갱년기 장애의 예방에 효과가 있다고 알려져 있다. 또 대두에 포함된 레시틴은 지질대사를 촉진하기 때문에, 동맥경화나 간장병 등의 생활습관병을 예방하고, 콜린은 치매 등의 뇌신경질환에도 효과를 기대할 수 있다. 한방에서는 '흑두(검은콩)'라고 부르며 혈행촉진과 이뇨, 근육이나 관절통 개선, 그리고 해독 작용이 있다고 여긴다.

콩깍지가 갈색이 됐을 때가 대두 수확 시기다.

🌿 세계 대두 생산량
식생활에는 빼놓을 수 없는 대두를 가장 많이 생산하고 있는 나라는 미국. 브라질, 아르헨티나 등으로 세계에서 만들어지는 대두의 약 87%를 남미와 북미에서 생산하고 있다. 그리고 그 대부분이 유전자 변형 대두라고 여겨진다.

🌿 완두콩과 대두는 같은 것?
완두콩은 대두와 수확 시기가 다를 뿐이며, 식물로서는 같은 것이다. 완두콩은 덜 익었을 때 수확하기 적합한 에다마메용 품종이 있는데 향이 좋고 단맛이 강한 것이 시장에 유통되고 있다.

종자는 두과이며 구형. 씨의 껍질은 노란색, 초록색, 갈색, 검은색 품종이 있다.

덜 익은 대두를 수확한 것이 에다마메(완두콩)가 된다.

돌외

Five-leaf ginseng, poor man's ginseng 외

학명 : *Gynostemma pentaphyllum*
과명 : 박과
원산지 : 일본, 중국, 동남아시아
이용부분 : 줄기, 잎

- **풍미** 강한 단맛, 상큼한 뒷맛
- **이용법** 음료용, 약용
- **주의점** 임신 중, 수유 중에는 피할 것
- **해설** 산과 들에 자생하고 있는 덩굴성 다년초. 거지덩굴과 닮았지만 돌외의 잎 표면에는 털이 있어서 구분할 수 있다. 고려 인삼과 같은 약효 성분이 포함되어 있다는 내용이 발표된 뒤로 주목도가 올라갔다. 풍부한 사포닌은 신경 흥분을 가라앉히며 이뇨작용이 있다. 그 밖에도 스트레스성 위염과 십이지장궤양 치료, 콜레스테롤 수치를 내리는 데에도 효과가 있다고 한다. 생약명은 칠엽담(七葉膽)이다.

단맛이 나지만 칼로리는 없다.

두송

Juniper

학명 : *Juniperus communis*
과명 : 측백나무과
원산지 : 유럽, 북아메리카 각지
이용부분 : 열매

- **풍미** 진(술)의 향 그 자체이며 단맛을 느낀 뒤에 쓴맛이 남는다.
- **이용법** 식용, 약용, 음료용
- **주의점** 4~6주 동안 지속적인 사용은 불가하다. 허브로 처방될 때에는 임신 중이거나 신장질환이 있는 사람은 사용을 피해야 한다. 대량으로 섭취하면 독성이 있다.
- **해설** 송진 같은 향이 있으며 진(술)이나 스피리츠류의 향을 내는 데에 빼놓을 수 없는 향신료다. 마늘이나 마조람, 로즈마리 등 방향성이 있는 허브와 혼합되는 경우가 많다. 요리에서는 사슴이나 들새 등 냄새가 강한 고기의 잡내를 제거하는 용도로 사용되기도 하고 조림이나 사우어크라우트 등 채소와의 궁합도 좋다. 또 이뇨작용이나 항염증작용이 있는 약초로도 처방되고 있다. 아메리카 원주민은 향 용도로 잎을 땄다. 여기에서 말하는 두송은 한국에서는 노간주나무라고 부르는 나무의 한 종류이다.

두송 홀

🌿 **주니퍼 베리(노간주나무의 열매)**
열매는 작은 완두콩 정도의 크기다. 따뜻한 곳에서 자란 쪽이 더 강한 향이 난다.

🌿 **쉽게 부서지는 열매**
주니퍼 베리는 부드럽기 때문에 쉽게 부술 수 있다. 흑자색의 매끄러운 과피로 덮힌 열매를 부수면 과육과 씨가 나온다.

🌿 **정유**
순환기, 소화기계 등에 약효가 있다고 알려져 있다.

두충

Hardy rubber tree

건조시킨 두충잎

학명 : *Eucommia ulmoides*
과명 : 두충과
원산지 : 중국
이용부분 : 잎, 나무껍질

풍미 약간 풋내가 나며 조금 쓴맛과 떫은맛이 있다.
이용법 음료용, 약용
주의점 특별히 알려져 있지 않다.
해설 중국에서는 5000년 이상 전부터 한방약 최상위에 자리한 환상의 약나무로 알려졌다. 나무껍질은 나무를 심고 나서 15년 이상이 되지 않으면 채취할 수 없기 때문에 특별하게 취급되었다. 유효 성분은 잎 속의 끈적끈적한 액체인 '구타페르카'이며, 활성산소를 제거하고 혈관을 강화한다고 알려져 있다. 또 비만이나 노화, 고혈압을 예방하는 성분도 많이 함유되어 있다.

두충은 낙엽교목이며 20m나 된다.

드라코세팔룸 몰다비카

Dragon's head, dragonhead

학명 : *Dracocephalum moldavica*
과명 : 꿀풀과
원산지 : 러시아, 중앙 유럽
이용부분 : 씨, 꽃, 줄기, 잎, 뿌리

풍미 레몬 같은 향, 녹차와 비슷한 떫은맛
이용법 관상용, 약용, 식용
주의점 특별히 알려져 있지 않다.
해설 용머리와 비슷한 청자색 꽃을 피우기 때문에 드래곤 헤드라고 불린다. 잎이나 줄기에는 통증을 완화하는 효과가 있다고 알려져서 두통약이나 감기약에 사용하고 있다. 꽃은 샐러드 등으로 먹는 경우도 있지만, 일반적으로는 원예용으로 이용하는 경우가 많고 밀원식물로도 취급된다.

청자색 꽃을 이삭 모양으로 피운다.

디기탈리스
Foxglove

학명 : *Digitalis purpurea*
과명 : 현삼과
원산지 : 헝가리, 루마니아
이용부분 : 꽃, 잎

풍미 풋내가 나며 쓴맛이고 혀가 저린다.

이용법 약용, 관상용

주의점 다량으로 섭취하면 중독 증상이 발생할 경우가 있기 때문에 반드시 의사의 감독하에서만 적절하게 사용할 것

해설 꽃 모양 때문에 여우의 장갑(Foxglove)이라고 불리며, 유럽과 미국에서는 관상용이나 약용으로 널리 재배하고 있다. 번식력이 상당히 강해서 야생화되어 있는 경우도 있다. 잎에서 추출된 성분에 심장을 자극하는 유효 성분이 함유된 듯하지만 전체에 맹독이 있어서 관상용으로 재배할 때에는 취급에 주의가 필요하다.

독성에 주의!
아직 꽃이 피지 않은 어린잎일 때는 일부에서 식용으로 쓰는 관습이 있는 컴프리와 닮아 헷갈리기 쉬워서 중독으로 사망한 예가 있다. 충분히 주의해야 한다.

꽃 속의 반점이 특징

디기탈리스의 꽃은 밑에서 차례로 피어 간다.

딜

Dill

학명 : *Anethum graveolens*
과명 : 미나리과
원산지 : 서남아시아, 중앙아시아
이용부분 : 씨, 잎

풍미 캐러웨이와 비슷한 향이며, 맵고 톡 쏘는 예민한 맛

이용법 식용, 약용

주의점 특별히 알려져 있지 않다.

해설 오래전부터 유럽에서 사랑받아 온 허브다. '생선의 허브'라고 불리며, 스모크 연어나 청어와의 궁합은 매우 좋다. 수프나 스튜, 케이크나 페이스트리 등 폭넓게 쓰인다. 잘게 잘라서 크림치즈에 섞어도 좋다. 비니거와 잘 맞아서 딜의 꽃을 절인 오이 피클은 딜피클이라고 불리고 있다. 향에는 리모넨이나 카르본이 함유되어 있어서 소화 호흡의 작용을 돕는 것 외에 모유가 잘 나오게 하는 작용도 있다.

🌿 달래 주는 향신료

딜이라는 이름은 '달래다'라는 의미의 고대 바이킹어인 '딜라'에서 유래했다. 신경을 차분하게 만들고, 소화기 계통의 기능을 돕는 작용이 있다. 오래전부터 서양에서는 아기가 밤에 울 때나 복통, 딸꾹질을 멈추기 위해 사용되고 있다.

🌿 씨(홀)

전체적으로 평평한 타원형에 갈색이며, 표면에 5개의 선이 들어가 있으며 안쪽의 2개는 굵게 되어 있다. 1만 알을 모아도 고작 25g 정도로 가볍다.

🌿 잎(딜위드)

향이 굉장히 좋고, 샐러드나 비니거, 피클, 생선 요리 등에 들어가는 일이 많다.

딜의 꽃

딜의 씨

흰살 생선의 풍미를 낼 때에 사용된다.

라반딘 그로소
Lavandin Grosso France

학명 : *Lavandula flagrans*
과명 : 꿀풀과
원산지 : 유럽, 영국
이용부분 : 꽃, 줄기, 잎

드라이플라워

- **풍미** 라벤더와 비슷한 단맛이며 가슴이 후련해지는 향
- **이용법** 헬스케어용, 공예용, 향료용, 약용, 음료용, 식용
- **주의점** 특별히 알려져 있지 않다.
- **해설** 진정 라벤더(잉글리시 라벤더)와 스파이크 라벤더의 교배종으로 진정 라벤더보다도 자극적이며 날카로운 향이 난다. 효능은 가볍다고 여겨지지만 정유의 양이 많고, 기분을 새롭게 하는 효과가 있다. 근육 뭉침에 잘 듣는다고 하며 류머티즘 등의 고통을 완화하거나 감기에 걸렸을 때 호흡을 편하게 하는 작용이 있다. 상처나 습진 자국을 깔끔하게 치료한다고도 알려져 있다.

긴 꽃줄기에 밝은 보라색 꽃을 피운다.

라벤더
Common lavender

학명 : *Lavandula officinalis, Lavandula angustifolia, Lavandula vera*
과명 : 꿀풀과
원산지 : 지중해 연안
이용부분 : 꽃, 잎

드라이 라벤더

- **풍미** 샤프하지만 시원한 향
- **이용법** 음료용, 원예용, 아로마 테라피용
- **주의점** 임신 중에는 사용량에 주의할 것. 향이 강하기 때문에 혼합할 때는 소량을 사용할 것
- **해설** 라벤더는 허브 중에서 잘 알려져 있으며, 그 청초한 향과 모습은 인기가 높다. 수많은 재배 품종이 있으며 잉글리시 라벤더, 프렌치 라벤더, 스파이크 라벤더 등의 그룹이 있다. 그중에서 정유를 얻을 수 있는 것은 주로 잉글리시 라벤더다. 항균·항진균작용을 가지고 있으면서 피부에 자극이 적기 때문에 스킨케어나 헤어케어 등 미용 목적으로도 사용된다. 허브티는 정신적인 스트레스를 완화시키고 긴장을 풀어 주고, 신경성 편두통이나 생리 불순 등에도 효과가 있다. 향이 강하기 때문에 차로 마시는 경우에는 옅게 탄 뒤 벌꿀 등으로 단맛을 더하거나, 다른 허브와 혼합하면 좋다. 티에도 항균작용이 있어서 페이스 로션이나 헤어린스로도 이용할 수 있다. 보라색이나 흰색, 핑크색 등의 꽃을 피우며 관상용으로 재배하면서 포푸리 등으로도 사용한다.

라벤더는 여름의 꽃
라벤더의 생산지로 프로방스나 태즈메이니아가 잘 알려져 있다. 매년 7월 중순 즈음에 개화하기 시작해서 7월 하순 ~8월 상순에 절정을 맞이한다.

🌿 이름은 라틴어의 '씻다'가 어원
고대 로마에서는 씻을 때나 세탁을 할 때, 향이 강한 라벤더를 탕이나 물에 넣는 것을 좋아했기 때문에 속명인 'Lavandula'는 '씻다'라는 의미의 라틴어에서 유래한 것으로 알려져 있다.

아로마 테라피에 사용하는 정유로도 인기가 있는 라벤더.
품종별로 다양한 종류가 있다.

생활 속에서 사용할 수 있는 허브

감기 예방부터 쓰기 편리한 만능 연고, 타박상이나 신체 피로 회복과 이용 빈도가 높은 가정용 허브를 소개한다.

베인 상처·찰과상에

침출유로 만든 연고는 피부의 만능약이라 불리고 있다.

금잔화(카렌듈라)
Pot Marigold

오렌지의 꽃잎에 함유된 성분은 루테인이나 리코펜 등의 카로티노이드, 피토스테롤인 타라사스테롤, 플라보노이드인 퀘르세틴 등이다. 피부나 점막의 손상을 회복·보존하는 작용이나 항균작용이 있어서 외상 외에 화상에도 쓰이고 있다.

금잔화(카렌듈라) 연고제

청결한 용기에 금잔화(드라이) 15g을 넣고, 마카다미아 너트유 약 200mL를 붓고 뚜껑을 덮는다. 매일 한 번 흔들면서 양지바른 장소에 2주 정도 놔둔다. 키친페퍼 등으로 걸러서 침출유제를 만든다(차광 유리병으로 보존할 것). 중탕으로 녹인 밀랍에 금잔화 유를 1:5 분량으로 더해서 잘 저으면 연고제가 된다.

타박상으로 인한 고통에

아플 경우에는 냉찜질을, 붓기가 가라앉으면 온찜질을 한다.

라벤더(정유)
Common lavender

정유 성분은 리날로올, 라반둘롤, 초산 리나릴 등이다. 피부로부터 흡수되며 진정·진통작용을 발휘하며 타박상에 효과가 있다. 라벤더의 향은 고통으로 인한 흥분을 진정시키고 마음의 안정도 가져다준다.

라벤더 냉찜질

대야 같은 그릇에 물을 채운 뒤 라벤더 정유를 떨어뜨리고 수건을 담갔다가 짜서 환부에 댄다. 급성 통증이나 염증, 발열에 좋다.

감기·독감의 예방·완화

감기에 걸렸다고 생각된다면 30분~1시간 간격으로 집중적으로 마신다.

엘더 플라워 Elder flower
색소 성분인 플라보노이드 배당체(루틴이나 퀘르시트린 등)에는 발한이나 이뇨작용이 있으며, 항알레르기작용도 가지고 있기 때문에 재채기 콧물, 코막힘 같은 감기나 독감의 초기 증상에 효과적이다.

자주루드베키아 Echinacea
카페산 유도체인 에치나코사이드나 사이나린에는 높은 항산화 작용이, 다당류 헤테로글리칸류에는 면역 세포를 활성화하는 작용이 있다. 면역력을 높이며 감기나 독감, 헤르페스 등의 감염증 예방에 효과가 있다.

유칼립투스(정유) Eucalyptus
α-피넨, 1,8-시네올 등의 정유 성분에는 항균·항바이러스작용이 있어서 기관지염이나 두통 개선, 거담에 사용된다. 꽃가루 알레르기나 감기 계절에는 증기를 흡입하거나 방향욕을 해도 효과가 있다.

유칼립투스의 증기 호흡
세면기나 그릇에 뜨거운 물 약 1L를 넣고, 유칼립투스의 정유를 한 방울 떨어뜨린다. 한 호흡을 둔 뒤에 목욕 수건을 머리부터 덮고, 용기를 감싸듯이 해서 얼굴을 가까이 한 후 수면 위 30~50cm 정도 위치에서 심호흡을 하며 증기를 천천히 들이쉰다.

추천 허브티 블렌드
생강, 민감초(리코리스), 엘더 플라워, 자주루드베키아, 페퍼민트,
이는 생강탕 같은 풍미이며 감기 계절에 추천한다.

운동 뒤에

피로 회복에는 비타민C와 식물산을 듬뿍 섭취하자.

로즈힙 Rose Hips
천연 비타민C가 풍부하게 함유되어 있으며, 리코펜이나 β-카로틴 등의 카로티노이드, 과실산, 플라보노이드도 함유되어 있다. 운동 후 육체가 피로할 때뿐 아니라 독감 등의 감염증이나 스트레스에 의한 체력 소모에도 효과가 있다.

로젤(식용 히비스커스) Hibiscus
구연산, 사과산, 히비스커스산 등의 식물산이 풍부하며, 안토시아닌 색소인 히비스신, 점액질, 펙틴, 미네랄 등도 함유되어 있다. 체내 에너지의 대사를 높이고, 운동으로 인한 육체적 피로를 회복시킨다.

추천 허브티 블렌드
로젤(식용 히비스커스), 로즈힙, 레몬그라스, 오렌지필, 로즈 레드, 핫과 아이스 둘 다 맛있게 마실 수 있는 건강 블렌드. 벌꿀을 첨가해도 맛있다.

여성을 위한 허브

생리 전의 우울한 기분이나 나른함, 냉에 의한 손발 굳음 등, 여성이기 때문에 일어나는 상태 불량을 위로해 주는 허브티다. 신경에 쓰이는 미백작용이나 당분 흡수를 억제하는 작용도 있다.

미백을 위해

미백이나 보습작용이 있는 허브를 조합한다.

칼루나 *Heath*

미백 성분으로 유명한 아르부틴이나 메틸아르부틴 등의 하이드로퀴 배당체가 함유되어 있다. 그 외에 플라보노이드나 타닌도 함유되어 있어서 이뇨작용이나 항균작용도 있다.

멜로(블루 멜로) *Common mallow*

주요 성분인 점액질에는 피부나 점막을 보호하는 작용이 있으며 피부에 윤기를 가져다 주고 보습을 하는 작용이 있다. 또 델피니딘 등의 안토시아닌은 눈 피로에도 효과가 있다.

로즈힙 *Rose hips*

비타민C, 비타민E, 식물 섬유인 펙틴, 리코펜이나 β-카로틴 등의 카로티노이드, 폴리페놀인 타닌, 과실산 등이 함유되어 있다. 콜라겐의 생성을 촉진하며 피부 당김을 조절함과 동시에, 신진대사를 촉진하며 높은 미백작용이 있다.

추천 허브티 블렌드
로즈 레드, 칼루나, 멜로(블루 멜로) 색 변화도 즐길 수 있는 아름다운 블렌드다.

생리통 완화에

몸을 따뜻하게 하는 허브티로 허리 주변의 고통을 완화시켜 준다.

라즈베리 리프 *Raspberry leaf*

플라보노이드 배당체인 프레가린이나 타닌인 엘라그산 등이 함유되어 있다. 자궁이나 골반 주변의 근육을 조절하는 작용이 있기 때문에 생리통이나 월경 전 증후군(PMS)의 예방 및 완화에 사용되고 있다. 엘라그산에는 미백작용도 있다.

저먼 캐모마일 *Chamomile*

진정, 경련작용을 가진 플라보노이드인 아피게닌이 함유되어 있기 때문에 통증이나 불안에 효과가 있다. 몸을 따뜻하게 하는 작용도 있기 때문에 생리통이나 월경 전 증후군(PMS)에 좋다. 짜증이나 기분을 가라앉히고자 할 경우에는 인카나타 시계초를 함께 써도 좋다.

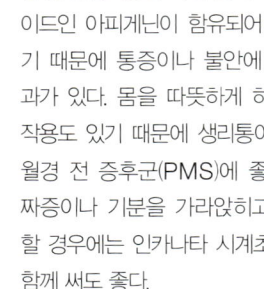

냉한 체질 개선에

순환기 기능을 높이는 허브를 조합해서 혈행을 촉진한다.

생강 *Ginger*
정유 성분인 진기베렌, 매운맛 성분인 생강롤, 쇼가올이 함유되어 있다. 심신을 따뜻하게 해서 활성화시키며 혈행을 촉진하기 때문에 냉한 체질이나 소화기계의 증상 완화에도 효과가 있다.

로즈마리 *Rosemary*
정유 성분에는 캠퍼나 보르네올, 1,8-시네올 등이 함유되어 있으며 혈액 순환을 촉진함과 동시에 기억력을 높이는 작용도 있다. 항산화력이 아주 강해서 회춘의 허브로도 알려져 있다.

유자(정유) *Yuzu*
리모넨, 테르피넨, 알파피넨, 리나로올이 포함된 정유 성분에는 혈행 촉진작용이 있으며 불안이나 긴장으로 차가워진 심신을 풀어 주고 안심을 되찾아 주는 작용이 있다.

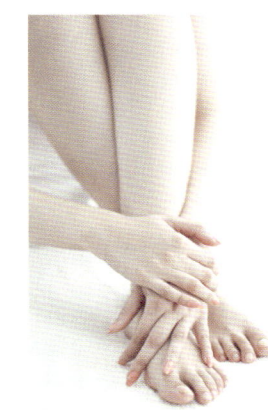

추천 허브티 블렌드
생강, 시나몬. 생강의 향과 시나몬의 은은한 단맛이 향기로운 블렌드. 몸을 따뜻하게 해 준다.

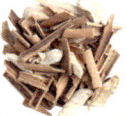

단것을 먹기 전에

뽕나무(오디)티는 반드시 식전에 마시자. 식후에는 효과를 기대할 수 없다.

뽕나무(오디) *Mulberry*
데옥시노지리마이신(DNJ) 이당류 분해 효소인 α-글루코시다아제의 작용을 저해하는 작용이 있기 때문에, 당 흡수를 억제하고 혈당 상승을 막는다. 다이어트에도 도움이 된다. 또 쿠와논에는 높은 미백효과가 있다고 알려져 있다.

추천 허브티 블렌드
뽕나무(오디), 로스트, 쇠뜨기. 단것을 먹기 전에 먹는다. 로스트의 고소함이 친해지기 쉬운 맛이다.

라일락

Lilac

학명 : *Syringa vulgaris*
과명 : 물푸레나무과
원산지 : 이란
이용부분 : 꽃

- `풍미` 재스민 같은 향
- `이용법` 향료용, 관상용, 공예용
- `주의점` 특별히 알려져 있지 않다.
- `해설` 건조하고 시원한 기후에서 잘 자란다. 초봄에 보라색이나 흰색 꽃을 피운다. 학명인 'Syringa'는 피리를 의미하며 이 나무를 재료로 피리를 만드는 데에서 유래했다. 라일락꽃의 정유는 추출이 어렵기 때문에 시장에 나돌고 있는 것은 합성된 것이 대부분이다.

내한성이 있는 낙엽수

라즈베리 리프

Raspberry leaf

학명 : *Rubus idaeus*
별명 : 레드 라즈베리
과명 : 장미과
원산지 : 유럽, 북아시아
이용부분 : 잎

건조시킨
라즈베리 리프

- `풍미` 마른 풀 향. 희미한 신맛과 짠맛이 있으며 독특한 맛은 없다.
- `이용법` 음료용, 헬스케어용
- `주의점` 임신 초기에는 다량으로 음용하지 말 것
- `해설` 라즈베리는 유라시아에서 북미까지 넓게 자생하며 열매는 식용으로 쓰며 그 잎은 허브로 이용해 왔다. 유럽에서는 '순산을 위한 티'로 알려져 있으며, 자궁근의 수축을 조절하는 데에 도움이 된다. 진통으로 인한 아픔을 완화하거나 산후 산모의 회복에 효과적이다. 생리통이나 월경 전 증후군(PMS)의 예방 및 완화에도 좋다. 무카페인이기 때문에 임신 중에도 음용할 수 있다. 아유르베다에서는 진정작용이 있다고 여기며 설사를 멈추거나 관절염, 염증 치료를 돕는다고 알려져 있다.

라즈베리 열매

라크스퍼(비연초)

Larkspur

학명 : *Consolida ajacis*
과명 : 미나리아재비과
원산지 : 지중해 연안
이용부분 : 꽃

풍미 냄새는 거의 없으며 식용은 하지 않는다.
이용법 관상용, 공예용, 방충용
주의점 특별히 알려져 있지 않다.
해설 델피니움과 닮았지만 보다 섬세한 형상이다. 일년초이지만 저절로 땅에 떨어지는 종자이며 다음 해에도 꽃을 피우기 때문에 원예종으로도 인기가 높다. 꽃은 건조시켜도 색이 바래지 않기 때문에 포푸리에도 사용되며 종자나 꽃이 달린 가지는 벌레 퇴치에 효과적이라 여겨진다.

1m 정도 길이에 작은 꽃을 많이 피운다.

건조시킨 라크스퍼꽃

러비지

Lovage, smallage

학명 : *Levisticum officinale*
별명 : 리구스티쿰
과명 : 미나리과
원산지 : 유럽, 아시아 남서부
이용부분 : 씨, 줄기, 잎, 뿌리

풍미 셀러리와 비슷한 풍미
이용법 식용, 음료용, 약용
주의점 임신 중에는 사용하지 말 것. 신장기능 장애 또는 신장염에는 사용하지 말 것
해설 오랫동안 유럽의 식탁에서 친숙했던 식물로, 풀 전체에 셀러리 같은 독특하고 강한 향이 있어서 잎은 샐러드나 수프로, 씨는 향신료로 쓰였다. 뿌리는 갈아서 식용으로 쓴다. 감기에 의한 발열이나 목 아픔, 소화 불량에 사용하는 것 외에 소독액으로 상처 부위에 사용할 수도 있다.

테두리가 톱니 모양을 한 잎을 가지고 있다.

렁워트

Common Lungwort

학명 : *Pulmonaria officinalis*
별명 : 풀모나리아
과명 : 지치과
원산지 : 유럽
이용부분 : 꽃, 잎

풍미 잎에는 다량의 점액이 있다.
이용법 관상용, 약용, 식용
주의점 특별히 알려져 있지 않다.
해설 반점이 들어간 잎이 아름다우며 유럽의 정원에서는 그라운드 커버로 사랑받는 허브다. 식용으로는 샐러드 등의 구색에도 사용된다. 수렴, 이뇨, 거담작용이 있기 때문에 호흡기계의 병이나 설사를 멈추는 데에도 이용된다.

> **이름의 유래**
> 잎에 흰 반점이 있으며 그 모양이 인간의 병든 폐와 닮아서(폐 : 라틴어로 pulmonary, 영어로 lung)렁워트라고 불리게 되었다.

꽃 색이 핑크색에서 회색으로 변해 간다.

레드 바베리앙(센트란투스)

Red valerian

학명 : *Centranthus ruber*
과명 : 마타리과
원산지 : 남유럽, 동남아시아
이용부분 : 씨, 꽃, 줄기, 잎, 뿌리

풍미 꽃은 유채꽃 같은 향이 난다.
이용법 관상용, 공예용, 식용
주의점 특별히 알려져 있지 않다.
해설 관상용, 꽃꽂이용으로 기르는 것 외에 포푸리나 드라이플라워로 즐긴다. 어린잎이나 새싹을 요리에 사용하는 경우도 있지만 약리효과 등이 서양쥐오줌풀만큼 보이지는 않는다.

생명력이 강하며, 거친 토지에서도 잘 자란다.

레몬

Lemon

학명 : *Citrus limon*
과명 : 운향과
원산지 : 히말라야 동부
이용부분 : 열매

레몬필

- **풍미** 감귤계의 향이며, 신맛이 있다.
- **이용법** 식용, 음료용, 헬스케어용, 방향용, 약용
- **주의점** 특별히 알려져 있지 않다.
- **해설** 옛날 십자군 원정에서도 괴혈병 예방 효과가 인정받았을 정도로 비타민C가 풍부하다. 살균, 항독소작용이 있어서 감기, 동맥경화, 위의 감염증을 예방하는 데에 사용한다. 또 여드름이나 종기의 살균, 구취를 예방하는 효과가 있다.

홍차에 레몬 껍질을 넣으면 쓴맛이 나온다.

레몬 머틀

Lemon myrtle

학명 : *Backhousia citriodora*
과명 : 도금양과
원산지 : 오스트레일리아
이용부분 : 잎

건조시킨 레몬 머틀의 잎

레몬 같은 청량감이 있는 향

- **풍미** 감귤계의 향, 신맛은 없다.
- **이용법** 음료용, 약용, 식용, 헬스케어용, 관상용, 공예용, 향료용
- **주의점** 특별히 알려져 있지 않다.
- **해설** 오스트레일리아의 원주민인 애버리지니인은 삼림 속에 있는 이 나무가 피부를 윤기 나게 유지하는 효과를 지녔다는 것을 알고 있었다. 항균, 소취작용이 있어서 비누나 샴푸에 사용하고 있다. 최근에는 아이의 바이러스성 사마귀에 효과가 있다는 연구 성과가 발표되고 있다.

레몬보다 더욱 레몬향이 나는 잎

레몬계 식물 특유의 감귤계 방향 성분인 '시트랄'이 어떤 식물보다도 많이 함유되어 있다. 레몬이 3~10% 함유되어 있는 데에 비해, 레몬 머틀은 90~98%나 함유되어 있다. 이 숫자에서도 향이 얼마나 센지 엿볼 수 있다.

레몬그라스
Lemon grass

학명 : *Cymbopogon citratus*
과명 : 벼과
원산지 : 열대 아시아
이용부분 : 줄기, 잎

풍미 레몬과 비슷한 상쾌한 향, 독특한 맛
이용법 식용, 음료용
주의점 임신 중에는 피할 것
해설 벼과의 다년초로 인도에서는 수천 년 전부터 약초로 사용되어 왔다. 동남아시아 요리나 민족 요리에서 널리 사용되는 허브다. 아프리카나 남아메리카, 오스트레일리아, 캘리포니아 등에서도 생산되고 있다. 마늘이나 에샬롯, 칠리, 코리앤더(고수) 등과 궁합이 좋으며 이 향신료들과 함께 어패류나 돼지고기, 닭고기 요리의 맛을 내는 데에 사용한다. 홀이나 슬라이스한 것을 콘소메수프에 넣거나 페이스트 상태로 만든 것을 섞어서 스튜로 만들기도 한다. 허브티는 기분을 상쾌하게 하는 작용도 있는 한편 살균, 건위, 소화 촉진, 빈혈 예방 등의 효과가 있다고 알려져 있다.

> **레몬그라스의 대용품**
> 생 레몬그라스와 비교하면, 건조된 레몬그라스에는 상쾌함이 부족하다. 생을 입수할 수 없는 경우에는 레몬 껍질이나 레몬밤을 사용하는 것도 한 가지 방법이다.

레몬그라스의 생약

뿌리는 둥그스름한 느낌을 띠고 있다.

건조시킨 레몬그라스의 잎

레몬밤
Lemon balm

학명 : *Melissa officinalis*
과명 : 꿀풀과
원산지 : 오스트레일리아
이용부분 : 꽃, 줄기, 잎

건조시킨 잎

풍미 레몬의 상쾌한 향
이용법 식용, 음료용, 향료용, 공예용, 헬스케어용, 원예용, 방충용
주의점 특별히 알려져 있지 않다.
해설 학명인 'Melissa'(멜리사)는 그리스어로 벌꿀을 의미하며, 벌꿀을 끌어들이는 식물로 오래전부터 소중히 여겨 왔다. 현재에는 요리의 풍미를 내거나 허브티, 포푸리나 입욕제 등에 사용되고 있다. 레몬밤의 정유는 강장작용이나 고혈압, 신경성 소화 불량, 두통, 우울증에 약효가 있다고 여겨지고 있다.

잎의 테두리에는 갈라짐이 있다.

레몬버베나
Lemon verbena

학명 : *Aloysia citrodora*
과명 : 마편초과
원산지 : 칠레, 아르헨티나, 페루
이용부분 : 꽃, 줄기, 잎, 뿌리

풍미 레몬에 단맛을 더한 듯한 감귤계의 향
이용법 식용, 음료용, 향료용, 방충용, 공예용, 헬스케어용
주의점 특별히 알려져 있지 않다.
해설 남아메리카의 안데스가 원산지로 17세기 스페인 사람에 의해 토마토와 감자와 함께 유럽에 전해졌다. 잎에는 레몬과 비슷한 상쾌한 방향이 있으며 고기, 채소 요리뿐만이 아니라 과자나 비누 등에도 폭넓게 사용된다. 소화 촉진과 온화한 진정작용이 있어서 취침 전에 릴랙스용 허브티로 편하게 즐겨지고 있다.

> **핑거볼(손가락 끝을 씻기 위한 물을 담은 작은 사발)에 사용**
> 식사 때 핑거볼의 향을 내는 데에 레몬버베나가 사용되는 경우가 있다.

여름에는 이삭 모양에 흰색이나 연보라색의 작은 꽃을 피운다.

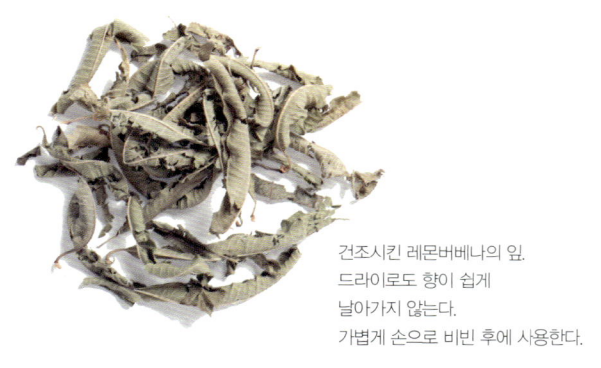

건조시킨 레몬버베나의 잎.
드라이로도 향이 쉽게
날아가지 않는다.
가볍게 손으로 비빈 후에 사용한다.

어린잎일 때도
향이 강하다.

레서 갈랑갈(양강근)
Lesser galangal

학명 : *Alpinia officinarum*
과명 : 생강과
원산지 : 중국 남부
이용부분 : 뿌리줄기

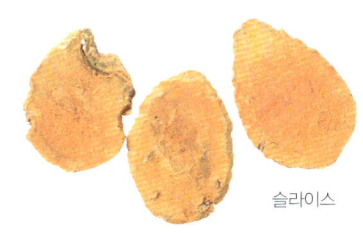
슬라이스

풍미 (큰)가랑갈보다도 매운맛이 강하며, 유칼립투스와 같은 향이 있다. 톡 쏘는 맛은 생강이나 카더멈과 닮았다.

이용법 식용, 약용

주의점 특별히 알려져 있지 않다.

해설 동남아시아에서 요리에 널리 사용되고 있으며 카더멈의 대용품처럼 사용한다. 아유르베다에서는 위를 튼튼히 하는 효과와 구풍작용이 있으며, 아이의 호흡 트러블 및 코나 목 등의 점막 염증에 좋다고 여기고 있다. 한방에서는 '양강'이라는 생약으로 부르며, 위장계를 따뜻하게 하며 피의 순환을 좋게 하고 냉이나 통증을 개선하는 작용이 있다고 알려져 있다.

뿌리줄기 부분을 이용한다.

레이디스 맨틀
Lady's mantle

학명 : *Alchemilla vulgaris*
과명 : 장미과
원산지 : 동유럽
이용부분 : 꽃, 줄기, 잎

풍미 부드러운 향, 담백하고 상쾌한 맛

이용법 음료용, 헬스케어용

주의점 임신 중에는 피할 것

해설 잎 모양이 성모마리아의 망토와 닮아서 이 이름이 붙었다. 생잎은 그대로 샐러드로 사용하거나 건조한 것은 허브티로 사용한다. 여성용 허브로 불리며 월경 이상, 갱년기의 출혈 이상, 산후 산모의 회복 등 부인과 계통 증상을 완화하는 작용이 있다.

노랗고 작은 꽃을 피운다.

ㄹ-ㄹ

로젤(식용 히비스커스)
Hibiscus

학명 : *Hibiscus sabdariffa*
별명 : 로젤, 로젤리초
과명 : 아욱과
원산지 : 서아프리카
이용부분 : 꽃받침, 총포엽, 잎

히비스커스의 꽃

풍미 우메보시(매실절임)와 비슷한 향이며 약한 산미가 있다.
이용법 음료용, 식용, 헬스케어용
주의점 특별히 알려져 있지 않다.
해설 남쪽 나라의 이미지가 있는 일반적인 히비스커스는 원예종이며 관상용으로 품종 개량된 것이다. 식용에는 로젤종을 사용한다. 비타민류나 구연산이 풍부하게 함유되어 있어서 눈의 피로, 식욕 부진 등의 피로 회복을 돕는다. 또 칼륨이 많기 때문에 이뇨작용이 있고, 부종, 변비, 숙취에도 효과적이다. 아유르베다에서는 생리적, 정신적으로 좋은 작용을 끼친다고 여겨지며 혈액을 정화하고 피부 광택이나 모발이 자라는 것을 촉진한다고 알려져 있다. 또 월경 전 증후군(PMS)이나 월경 과다에도 사용되고 있다.

건조화 같은 꽃받침과 포엽

꽃받침과 포엽은 비대해지고 익으면 빨갛게 된다.

로즈(장미)
Rose

학명 : *Rosa gallica*
과명 : 장미과
원산지 : 티벳, 중국, 미얀마
이용부분 : 씨, 꽃

로즈 레드

풍미 달고 고급스러운 향
이용법 식용, 음료용, 약용, 헬스케어용, 관상용, 향료용
주의점 특별히 알려져 있지 않다.
해설 장미에는 많은 품종이 있지만, 학명에 있는 'gallica'(갈리카)종의 장미는 프랑스 장미라고 불리며 약용을 가리키는 것이다. 그 중에서도 원종계인 다마스크 로즈는 아로마 테라피나 천연 향료 분야에서는 '향의 여왕'이라고 불리며, 4kg의 꽃잎에서 고작 1mL의 정유밖에 얻지 못하여 귀중한 오일로 여겨진다. 꽃잎에는 타닌이 함유되어 있고 수렴성이 있기 때문에 목의 염증이나 소화기계의 불량을 개선하는 데에 사용되어 왔다. 향은 불안이나 두려움을 완화시키는 힘을 가지고 있다고 알려져 있다.

로즈메리
Rosemary

학명 : *Rosmarinus officinalis*
과명 : 꿀풀과
원산지 : 지중해 연안
이용부분 : 꽃, 잎

풍미 잠이 깨는 듯한 개운한 향
이용법 식용, 음료용, 아로마 테라피용
주의점 임신 중이나 고혈압인 사람은 사용량에 주의하고 연속해서 장기간 사용은 피할 것. 향이 강하기 때문에 소량으로 사용할 것
해설 지중해 부근에서 나서 여름에 피는 작은 물빛 꽃이 물방울처럼 보여서 라틴어인 '로즈마리누스(바다의 물방울)'가 이름의 유래가 되었다. 생 혹은 건조시킨 잎에는 소취작용이나 항균작용이 있어서 유럽에서는 오래전부터 고기 요리에 사용하기도 하고 카레나 포토푀 등 찜 요리의 향신료로도 사용한다. 향이 강하기 때문에 조금씩 사용한다. 약효가 강한 허브로 인식되고 있어서 염증 억제, 혈행 촉진, 소화 불량 개선 등에 좋다고 여겨지는 한편, 항산화작용이 있는 로즈마린산이 함유되어 있어서 안티에이징이나 꽃가루 알레르기 증상의 경감에도 효과가 있다고 알려져 있다.

드라이 허브

신선한 잎

잎을 손가락으로 비비면 침엽수 같은 강한 향이 난다.

🌿 허브티로
향에 비하면 입에 머금었을 때에는 뒤끝이 적다. 심신의 피로를 치유하고 뇌의 활동을 활성화하고 기억력이나 집중력을 높인다. 혈행을 촉진하고 혈관을 강하게 만드는 작용이 있기 때문에 '회춘의 티'로 알려져 있다.

🌿 정유로
꽃이나 잎에서 얻은 로즈메리의 정유에는 시네올이라는 성분이 많이 함유되어 있기 때문에 호흡기계의 질환에 효과가 있다. 간장의 활동을 높이거나 두뇌를 명석하게 만드는 작용도 있다.

로즈힙

Rose Hips(Wild Dog Rose)

학명 : *Rosa canina*
과명 : 장미과
원산지 : 티벳, 중국, 미얀마
이용부분 : 열매

로즈힙(열매)

로즈힙을
건조시킨 것

풍미 향은 거의 없으며 은은한 신맛과 단맛이 있다.
이용법 식용, 음료용, 약용, 헬스케어용
주의점 특별히 알려져 있지 않다.
해설 가을에 열매를 맺는 야생종 장미(개장미)의 열매에서 씨를 제거하고 건조시킨 것이다. 진홍색의 열매는 과일로서 생약이나 과자의 재료 등으로 사용한다. 비타민C와 E, 플라보노이드, 펙틴 등이 풍부해서 피부 관리와 미용에도 효과적이라고 여겨진다.

아로마 테라피 · 장미의 효능
멘탈 면에서의 작용이 높아서 긴장이나 스트레스를 없애고 마음을 온화하게 만든다. 또 여성 호르몬의 밸런스를 조절하며 월경 불순이나 갱년기 장애, 월경 전 증후군(PMS)의 개선에도 도움이 된다.

다마스크 로즈는 향이 가장 강한 장미. 세계적인 다마스크 로즈의 산지이기도 한 불가리아에는 장미 계곡이 있다.

로켓
Rocket

학명 : *Eruca vesicaria*
별명 : 로켓 샐러드
과명 : 십자화과
원산지 : 지중해 연안~아시아 서부
이용부분 : 씨, 꽃, 줄기, 잎

풍미 참깨 향과 터질 듯한 매운맛
이용법 식용, 헬스케어용
주의점 특별히 알려져 있지 않다.
해설 잎에는 참깨의 향과 톡 쏘는 매운맛이 있기 때문에 샐러드로 인기다. 꽃도 식용화로 즐길 수 있고 종자는 머스터드의 대용이 되기도 하며 풀 전체를 맛볼 수 있다. 고추냉이나 겨자에도 함유된 항균작용이 있는 알릴이소티오시아네이트가 함유되어 있는 것 외에 칼슘, 비타민C, 철분도 많다. 소화 촉진과 위를 튼튼히 하고 강화하며 강장작용이 있다고 알려져 있다. 매운맛이 강한 '셀바티카'는 야생종이다.

로켓 샐러드
로켓은 어린 쪽이 매운맛이 부드러워서 먹기 쉽다. 샐러드에는 잎의 길이가 10cm 정도의 베이비 리프를 추천한다. 한여름과 한겨울을 제외하고는 재배도 쉽기 때문에 씨뿌리기부터 시작해 보는 것을 추천한다.

꽃눈이 나오기 시작할 때 꽃줄기째 따 버리면 오랫동안 잎을 수확할 수 있다.

루바브
Rhubarb

학명 : *Rheum rabarbarum*
과명 : 마디풀과
원산지 : 시베리아 남부
이용부분 : 줄기, 잎, 뿌리

잎꼭지의 색은 품종에 따라 붉은 기가 강한 것이 있다.

`풍미` 향이 좋고 신맛이 있다.
`이용법` 식용, 헬스케어용, 염색용, 약용
`주의점` 잎몸은 식용으로 먹지 않을 것. 임신 중, 치핵, 신장질환, 요도 결석, 관절염, 냉한 체질인 사람은 사용을 피할 것. 장폐색이나 원인불명의 통증에는 사용하지 말 것. 만성 설사나 염증을 동반한 장의 증상에도 사용하지 말 것. 12세 이하의 소아에게도 사용하지 말 것
`해설` 머위 같은 모습이지만 유럽에서는 줄기를 데쳐서 먹는다. 어린 잎꼭지는 식용으로 먹지만 잎몸에는 옥살산이 다량 함유되어 있어 식용으로 먹지 않는다. 아유르베다에서는 숙변을 제거하고 대장을 조절하는 가장 좋은 허브로 취급한다. 한방에서는 같은 속 유사종인 뿌리줄기를 '대황'이라 부르며 용변을 조절하며 위장의 염증을 억제하고 혈액 순환을 좋게 하는 작용이 있기 때문에 많은 한방약에 배합하고 있다.

루이보스
Rooibos

학명 : *Aspalathus linearis*
과명 : 콩과
원산지 : 남아프리카
이용부분 : 잎

`풍미` 희미하게 오렌지를 연상시키는 향, 산뜻하고 상쾌한 맛
`이용법` 음료용, 약용
`주의점` 특별히 알려져 있지 않다.
`해설` 남아프리카 공화국의 특산 허브다. 희망봉과 가까운 세더버그 산맥에서만 자생하며 그 땅의 원주민들은 '불로장수의 차'라 칭하며 일상적으로 음용했었다. 활성산소의 소거 기능이 높다. 냉한 체질이나 변비, 알레르기의 여러 증상도 개선한다고 여겨진다.

수확한 다음 발효시킨 뒤 건조시킨 것

콩과 특유의 나비 모양의 꽃을 피운다.

루타

Rue

- 학명 : *Ruta graveolens*
- 과명 : 운향과
- 원산지 : 유럽
- 이용부분 : 씨, 꽃, 줄기, 잎, 뿌리

건조시킨 루타의 줄기와 잎

풍미 강한 향이 있으며, 식용으로는 적합하지 않다.

이용법 관상용, 헬스케어용, 염색용, 향료용, 공예용, 방충용

주의점 임신 중에는 사용하지 말 것. 잎이나 줄기의 즙은 피부염을 일으킬 수 있기 때문에 주의할 것. 신장기능 부전일 경우에는 사용하지 말 것

해설 이전에는 요리의 고명으로 이용되었지만 독성이 함유되었다는 것이 알려져 식용으로 사용하지 않게 되었다. 줄기 잎에 강한 향이 있어서 파리나 해충의 방충제로 만들어 사용하거나 드라이플라워나 염색제로 만들어서 즐긴다.

잎의 모양은 주걱 모양이며, 건조시키면 강력한 방충효과가 있다.

마누카

Manuka

- 학명 : *Leptospermum scoparium*
- 별명 : 뉴질랜드 티트리
- 과명 : 도금양과
- 원산지 : 뉴질랜드, 오스트레일리아 남동부
- 이용부분 : 씨, 꽃, 줄기, 잎, 뿌리

풍미 옅은 단향, 마누카 꿀은 보통 벌꿀보다 진하며 조금 약 같은 맛

이용법 식용, 음료용, 헬스케어용

주의점 특별히 알려져 있지 않다.

해설 원산지인 뉴질랜드에서는 나라를 대표하는 꽃으로 널리 알려져 있다. 꽃에서 채취되는 벌꿀, 마누카 꿀은 위궤양, 위통, 필로리균 구제 등에 효과가 있다고 알려져 있다. 살균력이 있기 때문에 구내염이나 화상, 살갗이 튼 데에도 사용한다. 추출된 정유는 피부 미용에도 좋다고 알려져서 마사지용 오일이나 화장품 등으로 가공되고 있다.

꽃은 흰색 또는 핑크색이며 홑겹이다.

꽃을 밀원으로 해서 얻은 마누카 꿀

마늘
Garlic

학명 : *Allium sativum*
과명 : 백합과
원산지 : 아시아
이용부분 : 뿌리줄기

마늘 파우더

풍미 으깨면 강렬하고 독특한 향을 발하며, 단맛과 약간의 쓴맛이 있다.

이용법 식용, 약용, 헬스케어용, 방충용

주의점 위산 과다나 혈액 오염에 의한 발열 증상이 있을 경우에는 사용을 피할 것

해설 마늘이 식량, 약제로 사용되어 온 기록은 고대 이집트까지 거슬러 올라간다. 피라미드를 건설하던 노예에게 힘을 내게 하기 위해 마늘을 주었다고 한다. 그 뒤 전 세계로 퍼졌고 아유르베다에서도 회춘작용이 있는 허브로 알려졌다. 강력한 항균작용, 항바이러스작용, 항산화작용, 자양 강장효과는 물론 고혈압이나 동맥경화 등의 생활 습관병 예방, 균류에 의한 감염증 예방에도 사용된다. 또 최근 연구에서는 양배추 등과 나란히 암 예방효과가 기대되는 음식물로 마늘이 대두되고 있다.

> 마늘 특유의 강한 향에는 생선이나 수육 등의 냄새를 제거하는 작용이 있기 때문에 고기 요리의 향신료나 소스의 원료로 오래전부터 사용되어 왔다. 이용 방법은 다양하다. 생식은 물론, 건조, 분말, 페이스트 등 용도에 따른 여러 가지 형태로 시판되고 있다.

허브 활용법 ❶ – 마늘

1 바냐 카우다

재료(2~3인분)

A ┌ 마늘 – 2~3쪽, 안초비 – 3장
  └ 올리브 오일 – 큰 숟갈로 3술, 굵게 간 후추 – 약간
순무 – 2개, 오크라 – 4개
파프리카(노랑) – 1/2개, 버섯 – 1/2팩

만드는 방법

1. 마늘은 얇은 껍질을 까지 않고 통째로 오븐 토스터에서 7~8분 굽고, 잔열이 날아가면 얇은 껍질을 까서 포크 등으로 으깬다.
2. 순무는 줄기를 3cm 정도 남기고 잎을 뗀 뒤, 껍질이 붙어 있는 채로 먹기 좋게 빗살무늬로 자른다. 파프리카는 씨를 제거하고, 1cm의 너비로 세로로 썬다. 오크라는 딱딱한 꽃받침 부분을 제거한다. 버섯은 밑뿌리를 제거하고, 2~3등분으로 자른다. 안초비는 잘게 썬다.
3. 작은 냄비에 1과 안초비, A의 올리브 오일과 후추를 넣고 섞은 뒤, 약불로 데운다. 2의 채소에 담가 먹는다.

2 마늘 간장 절임

재료(만들기 쉬운 양)

마늘 – 1개, 간장 – 적당량

만드는 방법

1. 마늘은 껍질을 벗기고 병에 넣은 뒤, 간장을 약간 잠길 정도로 붓는다. 향이 옮겨진 간장은 조미료로, 마늘은 잘라서 고명으로 사용한다.

3 강낭콩 마늘 된장 무침

재료(만들기 쉬운 양)

마늘 – 1쪽, 강낭콩 – 200g
A [된장 – 100g
    설탕, 미림 – 각각 약간씩

만드는 방법

1. 절구에 마늘을 넣고 빻는다. A를 넣고 섞는다.
2. 강낭콩은 꼭지를 제거하고 뜨거운 물에 살짝 데친다.
3. 1에 2를 넣고 무친다.

4 흑마늘

재료(만들기 쉬운 양)

마늘 – 4~5개

만드는 방법

1. 전기밥솥 바닥에 소쿠리나 겅그레를 깐다.
2. 1 위에 키친 페이퍼를 두고, 감싸듯이 마늘을 통째로 넣는다. 많이 넣어도 좋다.
3. 전기밥솥을 보온 상태로 하고 10일에서 2주 정도 계속 보온한다(기간은 전기밥솥에 따라 다르기 때문에 적절한 타이밍을 찾자).
4. 보온이 끝나면 상온에서 1주에서 10일 정도 숙성하면 더욱 맛있어진다.

※ 자택에서 만들 경우에는 전기밥솥을 사용하면 깔끔하게 만들 수 있지만 시간이 걸리는 데다가 냄새가 배기 때문에 전용 전기밥솥을 준비하는 편이 좋을 수도 있다.

마늘을 고온 고습의 환경에 두고 숙성시킨 것이 흑마늘이다. 마늘에 함유된 당질과 아미노화합물이 화학 반응을 일으킨 것으로 검고 새콤달콤해지며 말린 자두와 비슷한 풍미가 있다. 일반적인 마늘과 비교하면 흑마늘 쪽이 항산화력이나 면역력, 암 예방 등의 효과가 더 높다.

마로니에

Horse Chestnut

학명 : *Aesculus hippocastanum*
과명 : 무환자나무과
원산지 : 유럽
이용부분 : 씨, 잎

- **풍미** 열매에는 쓴맛이 있다.
- **이용법** 약용, 음료용, 식용, 헬스케어용
- **주의점** 특별히 알려져 있지 않다.
- **해설** 유럽에서는 고대부터 혈관 복원에 좋은 민간약으로 사용해 왔다. 씨에 함유되어 있는 성분인 사포닌의 일종에 속하는 에스신에는 혈관벽을 강하게 하는 작용이 있으며 모세혈관의 복원과 보호효과가 있다고 한다. 그 때문에 정맥류, 치질, 다리 부종 등 여러 증상의 개선에 사용된다.

봄에 흰색이며 붉은 반점이 있는 꽃을 피운다.

마로니에의 씨

마시멜로

Mallard, marsh mallice, marsh mallow, Moorish mallow, water mallow, white mallow

학명 : *Althaea officinalis*
과명 : 아욱과
원산지 : 유럽
이용부분 : 꽃, 줄기, 잎, 뿌리

- **풍미** 캐러멜 같은 고소함, 단맛이 있다.
- **이용법** 음료용, 식용, 약용, 헬스케어용
- **주의점** 의약품과 동시에 마시면 흡수를 늦추는 경우가 있기 때문에 약을 복용한 후 2시간 동안은 음용을 피할 것
- **해설** 뿌리에 끈기가 있는 성분이 함유되어 있어서 이것을 원료로 만든 과자를 마시멜로라고 이름 붙였다. 이 점액은 점막을 보호하기 때문에 목 아픔, 기관지염, 구내염, 소화관이나 비뇨기의 염증을 가라앉히는 작용이 있으면서 피부염이나 관장제 등에도 사용된다. 같은 아욱과의 '멜로'와 종종 혼동되기 때문에 주의가 필요하다.

꽃의 색은 연한 핑크

줄기와 잎은 짧은 털로 덮여 있으며 전체적으로 회백색으로 보인다.

마조람
Marjoram

학명 : *Origanum majorana*
과명 : 꿀풀과
원산지 : 지중해 연안
이용부분 : 씨, 꽃, 줄기, 잎, 뿌리

풍미 오레가노와 매우 닮았지만 보다 단맛이 강하며 향은 섬세하다. 약간의 쓴맛도 있다.

이용법 식용, 음료용, 약용, 공예용

주의점 임신 중에는 피할 것. 심장에 지병이 있는 사람은 의사와 상담할 것

해설 줄기나 잎에는 엷은 민트 같은 향이 있으며 고기 요리의 향을 내거나 버터소스에 사용된다. 동지중해 연안 지방의 혼합 허브인 '자타'의 주원재료로도 이용된다. 허브티에는 진정작용이 있기 때문에 두통, 가벼운 위장 불량, 불면증, 불안 증상의 개선에 사용된다. 완화제로 장을 자극하기 때문에 소화 촉진과 장 속에 머문 가스를 배출하는 작용도 있다.

얇은 털에 덮인 백회록색 잎

겉모습은 오레가노와 매우 닮았다.

마조람의 드라이 허브

마카
Maca

학명 : *Lepidium meyenii*
별명 : 페루 인삼
과명 : 십자화과
원산지 : 페루
이용부분 : 덩이줄기

풍미 약초 같은 향, 은은한 단맛이 있다.

이용법 약용, 음료용

주의점 특별히 알려져 있지 않다.

해설 잉카 시대부터 사람들의 중요한 영양원으로 귀중히 여겨져 왔다. 양질의 단백질이나 필수 지방산, 아연, 미네랄, 비타민 등이 풍부하게 함유되어 있어서 자양 강장효과가 우수하다고 알려져 있다. 이 때문에 체력 저하, 성기능 개선, 갱년기 장애나 불임 등에 사용되고 있다.

순무와 비슷한 직경 8cm 정도의 덩이줄기

분말 상태로 만든 마카

마테
Yerba mate

학명 : *Ilex paraguariensis*
과명 : 감탕나무과
원산지 : 파라과이, 브라질, 아르헨티나
이용부분 : 잎

건조 후 숙성시킨 것이 그린 마테이며, 그것을 볶은 것이 로스트 마테이다.

풍미 그린 마테는 풋내가 나며 감칠맛이 있는 맛, 로스트 마테는 고소한 풍미

이용법 음료용, 약용

주의점 임신 중, 수유 중에는 피할 것. 과량, 장기 음용은 불가능하다.

해설 파라과이의 과라니족이 마시기 시작한 마테차는 커피, 차와 나란히 세계 3대 음료 중 하나로도 알려져 있다. 용암류가 풍화된 특별한 토양에서 자랐기 때문에 칼슘이나 미네랄이 풍부하며 '마시는 샐러드'라고 칭하기도 한다. 피로 회복, 혈행 촉진, 이뇨작용도 있으며 아유르베다에서는 심인성 두통이나 피로, 울화병, 류머티즘 등에 효과적이라고 여긴다.

관보(마테차 전용 용기)와 봄비자(전용 차거름망이 달린 빨대)

마편초
Vervain, Dakota vervain, Prairie verbena

학명 : *Verbena officinalis*
과명 : 마편초과
원산지 : 남유럽, 아시아
이용부분 : 꽃, 줄기, 잎

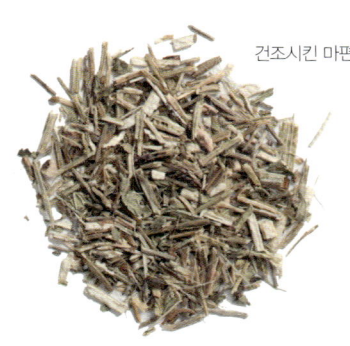

건조시킨 마편초의 잎

풍미 약간 쓴맛과 떫은맛이 있다.

이용법 원예용, 음료용, 헬스케어용

주의점 고혈압인 사람, 아이, 임신 중인 사람은 음용하지 말 것

해설 예전에는 신성한 허브로서 제단을 깨끗이 하거나 부적 등에 이용되어 왔다. 현재에는 불안이나 긴장 등을 완화시키기 위한 허브티로 음용된다. 모유의 분비를 촉진하는 작용이 있다고도 알려져 있다.

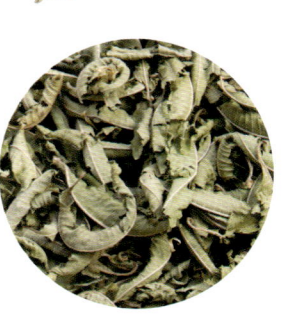

건조시킨 마편초의 잎

꽃의 색은 흰색, 핑크, 청자색 등의 종류가 있다.

마하렙

Mahaleb cherry, St.Lucie cherry

학명 : *Prunus mahaleb*
과명 : 장미과
원산지 : 미국 동부 전역
이용부분 : 씨

블랙체리의 열매

풍미 고소한 냄새, 쓴맛을 머금은 신맛
이용법 식용
주의점 특별히 알려져 있지 않다.
해설 블랙체리 나무에서 딴 베이지색의 작은 씨를 말한다. 향이 날아가기 쉽기 때문에 사용 시에는 필요에 따라 갈아 으깨서 사용한다. 비교적 부드러워서 터키나 중근동에서는 빵이나 페이스트리 등에 사용되는 경우가 많다.

마하렙

마황

Ephedra

학명 : *Ephedra sinica*
과명 : 마황과
원산지 : 중국
이용부분 : 줄기

땅위줄기를 건조시킨 것

풍미 떫고 쓰다.
이용법 약용
주의점 임신 중, 수유 중에는 사용하지 말 것. 거식증, 과식증, 녹내장인 사람도 사용하지 말 것
해설 줄기는 녹색이고 가늘며 그 마디를 둘러싸듯이 비늘 조각 모양의 잎이 붙어 있다. 이 가는 줄기에는 알칼로이드의 에페드린이 함유되어 있고 기관지 확장작용이나 발한작용이 있어 한방에서는 갈근탕이나 소청룡탕 등에 포함된 생약 '마황'으로 사용하기도 한다. 또 에페드린에는 몸 안에 있는 지방의 대사를 높이고 식욕을 저하시키는 작용이 있기 때문에 '살 빼는 약'으로 통용되지만 심장 발작이나 부정맥 등의 부작용이 보고되어 관리가 엄중해졌다.

가을에 땅위부분의 줄기를 베어 내서 음지에서 건조시킨다.

망고
Mango

학명 : *Mangifera indica*
과명 : 옻나무과
원산지 : 인도에서 인도차이나반도
이용부분 : 열매

망고 파우더

인도 망고

드라이 망고

`풍미` 무취이지만 레몬이나 라임과 비슷한 강한 신맛이 있다.
`이용법` 식용
`주의점` 옻나무과의 식물에 함유된 우루시올이 접촉성 피부염을 일으키는 경우가 있다.
`해설` 덜 익은 열매를 슬라이스하고 햇볕에 말려서 간 뒤 분말로 만든 것은 망고 파우더 또는 암츄르라고 부른다. 특히 북인도의 채식 요리 등에 자주 사용되며 소량으로도 충분한 신맛이 나는 향신료이다. 맵고 신맛이 나는 인도의 절임 음식인 아차르에도 자른 푸른 망고를 절인다. 아유르베다에서는 몸을 따뜻하게 하는 과일로 알려져 있으며 망고 파우더는 양질의 소화제로 여겨지고 있다.

머그워트
Mugwort, Moxa, St john's herb

학명 : *Artemisia vulgaris*
과명 : 국화과
원산지 : 유라시아 대륙, 북아프리카
이용부분 : 꽃, 줄기, 잎

건조시킨 줄기와 잎

높이가 2m 가까이나 된다.
방향이 있는 다년초

`풍미` 약간 풋내가 나며 쓴맛이 있다.
`이용법` 식용, 음료용, 약용, 헬스케어용
`주의점` 임신 중, 수유 중에는 피할 것
`해설` 일본 쑥의 유사종이다. 잎은 크기가 크며 잎의 죽지 부분에 작은 잎이 없기 때문에 쑥과 구별이 가능하다. 쓴맛이 있는 잎은 샐러드 등의 생식이나 로스트 비프의 향을 내는 데에 사용한다. 잎에는 월경을 정상화하고 생리통을 완화하거나 소화기계의 트러블을 진정시키는 작용이 있다고 알려져 있다. 건조시킨 잎으로 약쑥을 만들어서 뜸에 사용한다.

씨가 들어 있는 깍지

머스터드
Mustard

학명 : *Brassica nigra*(블랙), *Sinapis alba*(화이트)
과명 : 십자화과
원산지 : 인도, 남유럽
이용부분 : 씨

풍미 향은 거의 없으며, 씹으면 은은한 쓴맛 뒤에 자극이 있는 매운맛이 느껴진다.

이용법 식용, 약용

주의점 피부가 민감한 사람은 외용하지 말 것. 외용으로 사용하는 경우에는 2주를 넘겨서 사용하지 말 것. 6세 이하의 소아에게는 사용하지 말 것

해설 옛날부터 사용되고 있는 친숙한 향신료로 중세 유럽에서는 서민이 평소에 요리의 맛을 내는 데에 사용할 수 있는 유일한 향신료였다. 원료는 갓의 씨로 크게 '블랙' 타입과 '화이트' 타입으로 구별된다. 매운 성분에는 혈액 순환을 좋게 하는 작용이 있으며 분말로 만든 머스터드 시드를 미온수로 불려서 찜질하면 신경통이나 류머티즘에 효과가 있다 해서 옛날부터 사용했다. 아유르베다에서는 강력한 항균작용과 함께 흥분 자극작용, 거담작용, 구풍작용이 있다고 알려져 있다. 한방에서는 화이트 머스터드를 '백개자(白芥子)'라고 부르며 위장계를 따뜻하게 하고 냉을 제거하며 냉에서 오는 관절통이나 근육통 등의 개선에 처방한다.

🍃 화이트 머스터드
유럽과 북아메리카의 넓은 범위가 원산지이다. 입에 머금으면 처음에는 달게 느껴지며 그 뒤에 온화한 매운맛이 온다. 감칠맛이 있으며 블렌딩해서 피클의 향신료로 쓴다.

🍃 블랙 머스터드
남유럽과 서아시아가 원산지이다. 매우 자극적인 매운맛이 있으며 브라운 머스터드나 일본의 겨자도 이 타입이다. 남인도의 민족 요리에는 빼놓을 수 없는 향신료이며 보통은 끓는 기름으로 볶아서 견과류 같은 풍미를 끌어낸 뒤에 사용한다.

머스터드 시드(블랙)

머스터드 시드(화이트)

다양한 블렌드 머스터드
서양에서는 옛날부터 머스터드가 가정에서 만들어졌지만 현재는 허브나 향신료와 섞은 것, 과일을 반죽해 넣은 것, 샴페인으로 늘린 것 등 다양한 타입을 볼 수 있다. 맛도 부드러운 것부터 굉장히 자극적인 것까지 폭넓다.

머틀

Common myrtle

학명 : *Myrtus communis*
과명 : 도금양과
원산지 : 북아프리카, 이란
이용부분 : 씨, 꽃, 줄기, 잎

풍미 유칼리잎과 비슷한 향이지만, 온화한 단맛을 품고 있다.

이용법 식용, 음료용, 공예용, 관상용, 약용, 헬스케어용

주의점 특별히 알려져 있지 않다.

해설 금색의 수술이 많이 있는 청초한 흰 꽃은 결혼식 장식 꽃으로도 사용한다. 잎은 고기 요리의 잡내 제거에 사용하거나, 술에 담가서 축하주로 사용하거나 한다. 소독효과가 있기 때문에 방광염이나 요도염 치료 등에 사용된다. 게다가 수렴작용도 있어 여드름이나 지성 피부, 종기, 치질 등에도 사용된다. 에센셜 오일에는 화를 진정시키는 작용도 있다.

메도스위트

Meadowsweet

학명 : *Filipendula ulmaria*
과명 : 장미과
원산지 : 서아시아, 유럽
이용부분 : 꽃, 줄기, 잎, 뿌리

메도스위트의 꽃을 건조시킨 차제

풍미 아몬드 같은 단 향, 약간의 쓴맛이 있다.

이용법 음료용, 약용, 식용, 관상용, 향료용, 방충용

주의점 아스피린, 실리실산을 복용 중일 때에는 피할 것. 아이들은 복용을 피할 것

해설 내한성이 있는 장미과의 다년초. 영국에서는 교회의 결혼식에서 뿌려져서 신부꽃이라고 불린다. 풀 전체에 방향이 있어서 맥주의 향을 내거나 스트로잉 허브(방충, 살균)로 자연파 원예가에게 인기가 있다. 19세기에 진통, 해열제인 아스피린의 원료가 되는 살리실산이 봉오리에서 추출되었다. 고통이나 열을 완화시켜 주어서 감기일 때 허브티로 만들어서 마시면 좋다.

희고 작은 꽃을 가지 끝에 많이 피운다.

메이스(육두구)
Mace

학명 : *Myristica fragrans*
과명 : 육두구과
원산지 : 말루쿠 제도
이용부분 : 가종피

풍미 달고 질이 좋은 향이며 순하게 쏩쓰레한 것이 특징. 향미는 너트메그 쪽이 강하다.

이용법 식용, 약용

주의점 임신 중에는 사용하지 말 것

해설 동남아시아나 중국, 인도에서는 상당히 자주 사용하고 있는 향신료다. 육두구과의 상록고목인 육두구의 씨에서 너트메그와 메이스를 얻을 수 있다. 너트메그는 씨의 중심에 있는 핵(인)을 말하며 메이스는 씨 주변의 레이스 모양의 가종피라고 불리는 부분을 말한다. 나무에 맺혀 있을 때는 빨간색(사진)이고 건조시키면 오렌지색에서 노란색으로 변화한다. 냄새를 제거함과 동시에 맛이 올라가기 때문에 고기 요리에 사용한다.

메이스 조각

메이스를 따기까지
개화 후 6~9주면 열매가 맺히고 지면에 떨어진 것을 수확한다. 씨의 가장 바깥쪽인 메이스에 맺힌 부분을 제거하여 평평하게 펴서 매트 위에서 2~4시간 정도 건조시킨다. 그 단계에서는 메이스는 나무에 맺혀 있던 때와 똑같이 빨간색을 띠고 있지만 시간이 지나면서 오렌지에서 노란색으로 변화해 간다.

막 수확한 메이스

멜로(블루 멜로)
Common mallow, high mallow

학명 : *Malva sylvestris*
과명 : 아욱과
원산지 : 유럽
이용부분 : 씨, 꽃, 줄기, 잎, 뿌리

풍미 담백하며, 은은한 단맛이 있다.
이용법 음료용, 헬스케어용, 식용, 관상용, 공예용, 약용
주의점 특별히 알려져 있지 않다.
해설 막 끓인 허브티는 산뜻한 파란색이지만 레몬즙을 섞으면 핑크색으로 바뀌는 인기 있는 차제이다. 로마 시대부터 중요한 작물로서 재배되었다. 꽃이나 잎에는 점액질의 성분이 함유되어 있어서 염증부위의 보호나 가래를 제거하는 효과가 있으며, 호흡기계의 질환에도 효과가 있다고 여겨지고 있다. 같은 아욱과이며 다른 속인 '마시멜로'와 종종 혼동되기 때문에 주의가 필요하다.

건조시킨 멜로꽃

여름에 분홍색 꽃을 피운다.

모노기나산사
Hawthorn

학명 : *Crataegus monogyna*
과명 : 장미과
원산지 : 알바니아
이용부분 : 꽃, 잎, 열매

풍미 은은한 단맛과 신맛이 있다.
이용법 식용, 음료용, 약용
주의점 특별히 알려져 있지 않다.
해설 초여름에 흰 꽃을 피우며 가을에 붉은 열매를 맺는 관목이다. 강심작용이 있는 허브로 알려져서 유럽에서는 오래전부터 가슴 두근거림, 숨이 차거나 심장의 통증 등에 사용해 왔다. 심장의 펌프작용을 강화하고 혈류량을 늘리는 작용이 있다. 심부전이 회복되는 것 같은 극적인 효과는 없지만 작용이 온화하기 때문에 고령자라도 안전하게 사용할 수 있다. 중국이 원산지이며 우리가 아는 '산사나무'는 유사종이다.

건조시킨 모노기나산사의 열매

가시가 많은 나무로 붉은 열매를 맺는다.

몰약
Myrrh

학명 : *Commiphora myrrha*
과명 : 감람과
원산지 : 소말리아, 에티오피아
이용부분 : 고무수지

`풍미` 차제로는 쓰이지 않는다.
`이용법` 약용, 헬스케어용
`주의점` 임신 중에는 피할 것. 월경 과다에는 사용하지 말 것

가지에는 날카로운 가시가 있다.

몰약의 고무수지

`해설` 고대 이집트에서는 죽은 사람의 방부약으로 여겼다. 몰약은 나무의 피층의 분비액이 공기 중에서 건조된 고무수지로 된다. 수렴성과 항균, 소염작용이 있기 때문에 오래전부터 치아나 구강 내의 트러블에 사용되었다. 아유르베다에서는 노화 방지, 특히 자궁에서 정체된 오래된 혈액을 제거하고 새로운 조직을 만드는 데에 효과적이라고 알려져 있다. 또 강력한 해독작용과 함께 강장작용, 회춘작용이 있어서 장기간에 걸친 체력 증강 등에 적합하다.

무늬월도(月桃)/ 알피니아 제룸벳
Shell ginger

학명 : *Alpinia zerumbet*
과명 : 생강과
원산지 : 동남아시아, 인도 남부
이용부분 : 씨, 꽃, 열매, 잎, 뿌리줄기

`풍미` 단 향이 나며 희미하게 짠맛이 있다.
`이용법` 음료용, 식용, 헬스케어용, 약용
`주의점` 특별히 알려져 있지 않다.
`해설` 일본에서는 오키나와에 넓게 자생하고 있으며 생활에 밀착한 허브다. 독충에 찔렸을 때, 뿌리줄기를 잘라서 불로 구운 뒤에 환부에 문지르기도 한다. 월도는 높은 항균력과 방부작용, 가래의 배출을 촉진하는 작용이 있어서 기관지염이나 비염에 효과적이라고 알려져 있다.

말린 잎

월도의 꽃은 아래를 향해 핀다.

월도차에는 폴리페놀이 많이 함유되어 있다.

무두붉나무
Sumac

학명 : *Rhus coriaria*
별명 : 옻나무
과명 : 옻나무과
원산지 : 중근동
이용부분 : 씨, 열매

옻 파우더

나무껍질이나 잎은
염료로도 사용된다.

풍미 방향은 그다지 없지만 과일 맛이 나고 신맛이 있다.
이용법 식용, 음료용
주의점 특별히 알려져 있지 않다.
해설 레몬즙이나 식초처럼 사용되는 향신료로 중근동 일대에서 자주 사용하고 있다. 레바논이나 시리아에서는 생선에 뿌리고, 이라크나 터키에서는 샐러드에, 이란이나 그루지야에서는 민족 요리인 케밥의 조미료로 사용한다. 중근동의 여러 국가에서는 배의 상태가 안 좋을 때에 드링크로도 마시고 있다. 이 지역에는 옻과 마조람과 흰깨를 혼합한 자타라고 하는 테이블 스파이스가 있다.

높이 3m 정도 되는 관목이며 흰 꽃을 피운 뒤, 작고 붉은 열매를 맺는다.

물냉이(크레송)
Watercress

학명 : *Nasturtium officinale*
별명 : 워터 크레스
과명 : 십자화과
원산지 : 유럽, 아시아
이용부분 : 꽃, 줄기, 잎

자란 풀의 길이는 약 30~60cm이며 환경에 따라서는 1m 정도까지 된다. 가지를 물에 담그면 마디에서 곧바로 뿌리가 나온다.

풍미 특유의 향기가 있고, 톡 쏘는 매운맛이 있다.
이용법 식용, 헬스케어용
주의점 위나 십이지장궤양, 염증을 동반한 신장병, 4세 이하의 소아에게는 사용하지 말 것
해설 크레송은 물가에 군생하는 수생식물로 네덜란드를 중심으로 하는 유럽에서부터 도입된 서양 채소 중 하나다. 카로틴, 비타민C, 비타민B 등의 비타민류와 칼슘, 칼륨, 철 등의 미네랄류가 풍부한 크레송은 머리카락이나 시력, 피부의 건강 유지와 빈혈 예방에 효과적이라고 알려져 있다. 매운 성분에는 항산화작용이 있어서 생활 습관병의 예방효과도 기대할 수 있다.

크레송의 매운 성분
무, 갓, 고추냉이 등의 십자화과 식물처럼 톡 쏘는 매운맛을 갖고 있다. 매운 성분은 시니그린이라는 항균성 물질로 추위와 건조함을 맞닥뜨리면 매운맛이 증가하고 쓴맛이 나게 되는 경우도 있다.

어떤 요리에 사용되는가?
부드러운 씨눈은 샐러드, 나물무침, 샌드위치, 수프 등에 사용된다. 또 달걀 요리나 고기 요리 등의 색을 낼 때도 첨가된다.

민감초(리코리스)
Liquorice

학명 : *Glycyrrhiza glabra*
과명 : 콩과
원산지 : 터키
이용부분 : 뿌리, 기는 가지

허브티용 차제

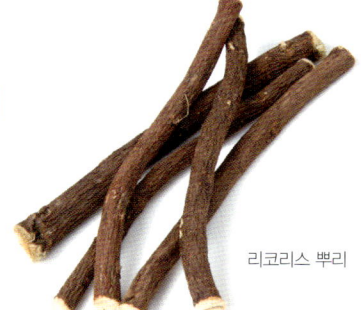
리코리스 뿌리

풍미 머스캣과 호두를 합친 듯한 향이며 뒷맛이 남는 독특한 단맛
이용법 약용, 음료용, 헬스케어용
주의점 간장질환, 고혈압, 신부전, 당뇨병인 사람은 적당량을 지킬 것. 임신 중, 수유 중에는 피할 것
해설 콩과인 리코리스는 스페인 감초라고도 부르며, 뿌리나 가지에 설탕의 50배나 되는 단맛이 함유되어 있다. 한방에서는 '감초(甘草)'라는 생약명으로 사용되는데 스트레스 경감, 긴장 해소와 진통, 거담, 목 아픔을 없애고 변비 개선, 건위, 강장, 설사 멈춤 등 많은 효능이 있으며 다양한 한방약이나 영양 드링크에 배합되고 있다. 감미료로 사용하는 것 외에 항염증, 항바이러스, 항알레르기, 위궤양, 방광염 등에 효과적이라고 여겨진다. 점액을 액화해서 체외로 배출하는 작용이 있기 때문에, 아유르베다에서는 거담제로 사용된다. 원예종 리코리스(석산)는 수선화과이며 독성을 가지고 있는 전혀 다른 식물이다.

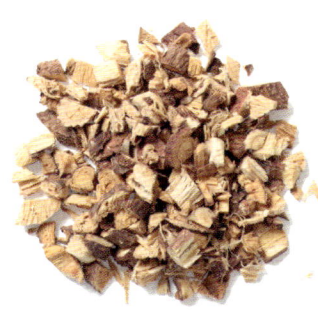
건조시킨 뒤 분쇄한 뿌리

민트

꿀풀과의 민트라는 이름이 붙는 풀들을 모아 두었다.

애플민트
Apple mint

학명 : *Mentha suaveolens*
과명 : 꿀풀과
원산지 : 지중해 연안~유럽
이용부분 : 꽃, 줄기, 잎

애플민트

- **풍미** 잎에 사과와 비슷한 향이 있다.
- **이용법** 음료용, 공예용, 관상용, 식용, 헬스케어용
- **주의점** 특별히 알려져 있지 않다.
- **해설** 풀 전체가 부드러운 털로 덮여 있으며, 잎은 달걀 모양으로 쪼글쪼글하다. 사과향이 나는 방향이 인기이며 허브티나 포푸리, 입욕제 등에 사용된다. 진정작용이 있으며 편안한 잠을 유도한다고 한다.

오데코롱민트
Eau de cologne mint

학명 : *Mentha x piperita citrata*
별명 : 베르가모트 민트
과명 : 꿀풀과
원산지 : 유럽
이용부분 : 꽃, 줄기, 잎

줄기나 잎의 테두리가 적자색을 띤다.

- **풍미** 베르가모트와 비슷한 감귤계의 향
- **이용법** 음료용, 공예용, 관상용, 헬스케어용
- **주의점** 특별히 알려져 있지 않다.
- **해설** 멘타 아쿠아티카와 스피어민트의 자연 교잡종이다. 잎은 원형에서 달걀형이며 줄기는 보라색을 띠고 있다. 베르가모트와 비슷한 감귤계의 향이 있어서 베르가모트 민트라고도 불린다. 포푸리나 입욕제에 사용된다. 허브티에는 위를 튼튼하게 하는 작용이 있어서 소화기계 증상의 개선을 기대할 수 있다.

캣민트(개박하)
Catmint

학명 : *Nepeta Mussini*
과명 : 꿀풀과
원산지 : 서아시아
이용부분 : 꽃, 줄기, 잎

캣민트

- **풍미** 시나몬에 가까운 달콤한 민트향
- **이용법** 음료용, 공예용, 관상용, 헬스케어용
- **주의점** 특별히 알려져 있지 않다.
- **해설** 캣민트는 캣닢의 유사종이며 고양이가 냄새를 좋아한다는 이유에서 이름이 붙여졌지만 취향은 나눠질 수 있다. 꽃은 라벤더색이며 아름답다. 티는 감기 예방이나 불면증에 효과적이라고 한다.

진저민트
Ginger mint

학명 : *Mentha x gentilis*
과명 : 꿀풀과
원산지 : 지중해 연안
이용부분 : 꽃, 줄기, 잎

잎의 색은 약간 엷고 크기는 작다.

- **풍미** 생강을 연상시키는 강한 민트향
- **이용법** 음료용, 공예용, 관상용, 헬스케어용
- **주의점** 특별히 알려져 있지 않다.
- **해설** 콘민트와 스피어민트와의 교잡종이다. 줄기가 빨개서 레드민트라고도 불린다. 여름이 되면 잎겨드랑이 주변에 돌려나기(2장 이상의 잎이 바퀴 모양으로 나는 것) 모양의 꽃차례가 나오며, 엷은 보라색 꽃을 피운다. 허브티에는 임신 중 입덧을 덜어 주는 작용이 있다고 한다. 반점이 들어간 종도 있다.

스피어민트
Spearmint

학명 : *Mentha Spicata*
과명 : 꿀풀과
원산지 : 지중해 연안
이용부분 : 꽃, 줄기, 잎

건조시킨 스피어민트의 잎

- **풍미** 페퍼민트보다 자극이 적고 단 향
- **이용법** 음료용, 공예용, 관상용, 헬스케어용
- **주의점** 특별히 알려져 있지 않다.
- **해설** 페퍼민트보다도 큰 잎에는 주름이 들어가 있으며 테두리에는 자잘한 갈라짐이 있다. 스피어민트에는 살균과 방부작용이 있으며 허브티는 졸음을 쫓거나 정신적 피로를 회복시켜 준다.

파인애플민트
Pineapple mint

학명 : *Mentha suaveolens, var.variegata*
과명 : 꿀풀과
원산지 : 유럽
이용부분 : 꽃, 줄기, 잎

잎에는 흰색 또는 크림색의 무늬가 있다.

- **풍미** 사과 같은 단 향에 어렴풋하게 파인애플의 향이 있다.
- **이용법** 음료용, 식용, 공예용, 관상용, 헬스케어용
- **주의점** 특별히 알려져 있지 않다.
- **해설** 애플민트의 교잡종이다. 잎에는 반점이 들어가 있으며, 관상용으로 인기가 높다. 파인애플의 향이 희미하게 나며 비니거, 생선 리, 허브티 등에 사용된다. 살균이나 잡내 제거에도 효과적이다.

페니로열민트
Pennyroyal mint

학명 : *Mentha pulegium*
과명 : 꿀풀과
원산지 : 유럽, 서아시아
이용부분 : 꽃, 줄기, 잎

`풍미` 상큼한 민트향
`이용법` 방충용, 공예용, 관상용
`주의점` 소량이지만 독성이 있기 때문에 식용에는 맞지 않다.
`해설` 땅을 기는 성질이 있으며 땅속줄기로 번식하기 때문에 그라운드 커버로 만들면 밟을 때마다 민트 향이 감돈다. 방충, 살균작용이 있기 때문에 정원 앞에 심으면 개미나 벼룩, 파리, 노린재 등을 쫓을 수 있다. 포푸리 등으로 만들어서 방충제로 사용해도 좋다.

페퍼민트
Peppermint

학명 : *Mentha x piperita*
과명 : 꿀풀과
원산지 : 지중해 연안, 유럽
이용부분 : 꽃, 줄기, 잎

페퍼민트의 잎은 스피어민트에 비해 주름이 없고 부드럽다.

`풍미` 자극이 있는 민트향
`이용법` 음료용, 식용, 공예용, 관상용, 헬스케어용
`주의점` 특별히 알려져 있지 않다.
`해설` 스피어민트와 워터민트의 교잡종이다. 요리나 리큐어의 향을 내는 데에 이용되어 왔다. 청량감뿐 아니라 항알레르기작용이 있어서 목 사탕 등에도 사용된다.

페퍼민트의 꽃

허브 활용법 ❷ – 민트

1 감자 요거트 오이 소스

재료(2인분)

햇감자 – 작은 것 3개, 순무 – 한 묶음
오이 – 2개(간 것), 민트 – 10g

A ┌ 플레인 요거트 – 큰 숟갈로 4술
  │ 화이트와인 비니거 – 큰 숟갈로 1술
  │ 소금 – 작은 숟갈로 1술, 후추 – 조금
  └ 올리브 오일 – 큰 숟갈로 1술

만드는 방법

1. 감자는 잘 씻어서 껍질을 깐 채로 소금물에 데친 후(소금은 분량 외), 반으로 자른다.
2. 순무는 찬물에 담근 뒤에 물기를 빼고, 5cm 길이로 자른다.
3. 소스를 만든다. 민트는 잎을 떼고 장식용으로 소량을 따로 나눠 둔 뒤 오이, A와 한데 섞는다.
4. 그릇에 1을 넣고 3을 더한 뒤 버무린다.
5. 접시에 4를 담은 뒤 2를 올리고 민트를 장식한다.

2 민트 소스

재료(만들기 쉬운 양)

민트 – 한 줌(잘게 썬 것), 설탕 – 큰 숟갈로 1술
뜨거운 물 – 1/2컵, 와인 비니거 – 큰 숟갈로 3~4술

만드는 방법

1. 그릇에 민트와 설탕을 넣고 뜨거운 물을 넣고 섞는다.
2. 설탕이 녹으면 비니거를 넣고 1시간 정도 놔둬서 맛을 들인다.

3 애호박 민트

재료(2인분)

애호박 – 2개, 마늘 – 1/2쪽(잘게 썬 것)
레몬즙 – 작은 숟갈로 1술, 민트잎 – 적당량(잘게 썬 것)
올리브 오일 – 적당량, 소금과 후추 – 각각 조금

만드는 방법

1. 애호박은 2mm 폭으로 둥글게 자른다.
2. 프라이팬에 올리브 오일과 마늘을 넣고 중불에 익힌 뒤, 향이 올라오면 1을 넣는다.
3. 양면을 노릇노릇하게 구운 뒤, 소금과 후추를 친다. 접시에 담고 레몬즙을 뿌린 뒤 민트를 흩뿌린다.

4 민트 풍미가 나는 누에콩과 참치 샐러드

재료(2인분)

누에콩(콩깍지를 벗긴 것) – 약 400g
참치캔(기름에 절인 것) – 1캔(60g), 민트 – 5g

A
- 식초 – 큰 숟갈로 2술, 레몬즙 – 큰 숟갈로 2술
- 소금 – 작은 숟갈로 1/2술, 후추 – 조금
- 올리브 오일 – 큰 숟갈로 1술

만드는 방법

1. 누에콩은 소금물로 3~4분 데친 뒤(소금은 분량 외), 속껍질을 벗긴다. 민트는 잎을 떼서 장식용으로 소량을 따로 나눠 둔다.
2. 그릇에 1과 캔의 기름을 뺀 참치를 넣고 한데 섞은 **A**를 넣고 버무린다.
3. 접시에 담고 민트를 장식한다.

밀크티슬

Milk thistle

학명 : *Silybum marianum*
과명 : 국화과
원산지 : 지중해 연안
이용부분 : 씨, 잎

풍미 단맛과 쓴맛이 희미하게 있다.
이용법 음료용, 식용, 약용, 헬스케어용
주의점 드물게 대변이 물러질 수가 있다.
해설 고대 그리스 시대부터 밀크티슬은 간장을 지키는 허브로 알려져 있다. 씨에 함유된 성분은 유독한 활성산소를 무독화시키며 간세포 손상 방지나 회복 등의 효과가 있다. 그 때문에 만성 간염, 알코올성 간염, 지방간 등의 치료에 사용된다.

밀크티슬의 씨

보라색 꽃과 흰 반점이 들어간 잎이 특징

바닐라

Vanilla

학명 : *Vanilla planifolia*
과명 : 난초과
원산지 : 중앙 아메리카, 서인도 제도
이용부분 : 씨, 깍지

풍미 달고 좋은 향기
이용법 식용
주의점 특별히 알려져 있지 않다.
해설 아이스크림이나 커스터드, 초콜릿 등의 디저트, 담배나 향수에도 사용되는 바닐라는 멕시코의 아스테카문명 시대부터 향료로 사용되어 온 중요한 향신료이다. 원산지인 중미에서는 16세기 후반부터 초콜릿드링크의 향을 내기 위해 사용되어 왔다. 단 향의 주성분은 바닐린이며 열매 수확 후 독특한 숙성법을 거치면서 생긴다. 현재에는 여러 종류의 합성 바닐라가 있지만 천연 바닐라의 풍미는 특별해서 귀중하게 여겨지고 있다. 향은 기분을 높여 주는 것 외에 열병이나 월경 불순 등의 완화에도 사용되어 왔다. 또 단맛을 강하게 느끼게 해 주는 작용이 있기 때문에 설탕 사용량을 줄일 수 있는 2차적 효과도 있다.

향신료로 사용하는 것은 깍지 상태의 열매

건조시킨 바닐라 열매

바닐라의 꽃

깍지 · 씨
갈색에다 가늘고 길며 광택이 있고 매끄럽다. 주위에 바닐린의 결정이 붙어 있는 것이 좋은 품질이다. 고품질의 바닐라는 17~25cm의 길이인 것이다. 깍지 속에는 작고 검은 씨가 많이 들어 있고 좋은 향이 나는 기름에 감싸여 있다. 깍지를 세로로 절개해서 나이프 끝으로 훑듯이 꺼내서 사용한다.

가공은 상당히 복잡
천연 바닐라가 고가인 이유는 채 덜 익은 깍지를 따서 특수한 방법으로 발효와 건조를 반복하는 '큐어링'이라는 복잡한 과정을 거쳐서 가공하고 있기 때문이다.

바닐라 에센스
진하기 때문에 몇 방울 떨어뜨리는 것만으로도 충분히 향이 난다.

바닐라 슈가
깍지를 슈거 포트에 넣어 두면 설탕에 좋은 향이 옮겨서 계속 향이 난다.

바위취

Beefsteak geranium

두꺼운 바위취의 잎

학명 : *Saxifraga stolonifera*
별명 : 호의초, 범의귀, 왜호이초, 등이초
과명 : 범의귀과
원산지 : 한국, 일본, 중국
이용부분 : 잎

풍미 담백한 편이다.
이용법 음료용, 헬스케어용, 약용, 식용, 관상용
주의점 특별히 알려져 있지 않다.
해설 한국에서는 중부 이남 지역에서 재배하고, 일본에서는 홋카이도를 제외한 일본 각지에 자생하며 산초와 원예식물로 친숙하다. 일 년 내내 채취할 수 있으며 깨소금무침이나 조림, 덴푸라 등에 사용한다. 잎은 호이초(虎耳草)라는 생약이 되며 달인 즙을 직접 귀에 흘려서 중이염 치료에 쓰거나 고름을 동반한 베인 상처나 화상, 땀띠에 쓰면 효과가 있다고 여겨 왔다. 또 미백효과도 기대할 수 있어서 화장품 등에도 사용한다.

꽃의 모양은 대문자초와 비슷하며 꽃 전체가 '大'자처럼 보인다.

바질

Sweet basil, Common basil

바질 드라이

학명 : *Ocimum basilicum*
별명 : 스위트 바질, 커먼 바질
과명 : 꿀풀과
원산지 : 인도, 열대 아시아
이용부분 : 잎, 씨

풍미 클로브와 비슷한 산뜻한 단 향
이용법 식용, 음료용, 헬스케어용
주의점 임신 중에는 다량의 사용은 피할 것. 젖먹이 또는 유아에게는 사용하면 안 되며 또한 지속적으로 사용은 불가
해설 원산지인 인도에서는 성스러운 식물로 여기며 제사에는 빼놓지 않고 사용한다. 또 고대 그리스에서는 왕궁에 어울리는 향이라고 여겼었다. 이탈리아에서는 바실리코라고 부르며 제노바 부근에서 만들어진 제노베제 소스가 유명하다. 토마토와 궁합이 좋고 모짜렐라 치즈와 바질잎을 토핑한 피자 마르게리타가 대표적인 메뉴이다. 허브티로도 인기가 있고 소화 촉진작용 외에 자율신경이나 호르몬이 흐트러지면서 오는 짜증을 개선하는 작용이 있다. 아유르베다에서는 신들에 대한 신앙심을 높이며 마음과 정신을 열고 두뇌를 보다 명석하게 만드는 허브로 여긴다. 폐나 비강으로부터 불필요한 수분을 제거한다고 알려져 있다.

스위트 바질

🌿 씨는 건강 식품으로도

바질의 씨에는 글루코만난이 많이 함유되어 있기 때문에 수분을 머금으면 건조된 상태에서 약 30배로도 팽창되며 젤리 상태의 물질로 덮인다. 식물 섬유가 풍부하게 함유되어 있기 때문에 다이어트 보조 식품으로도 이용되고 있다.

🌿 재배종은 약 150 품종

스위트 바질 외에 레몬 바질, 홀리 바질, 타이 바질, 라임 바질, 매머드 바질, 다크 오팔 바질, 부시 바질 등 약 150종류의 재배 품종이 있다.

> **다년초? 일년초?**
> 바질은 꿀풀과의 일년초이다. 그러나 온실에서 잘 관리하면 다년초처럼 키울 수 있다.

부시 바질

시나몬 바질

바이올렛 아로마티코

다크 오팔

홀리 바질

캠퍼 바질

| 제노베제 소스 만드는 방법 |

재료(4인분)

바질잎 – 100g, 잣 – 20g
파르메산 치즈 – 20g, 마늘(소) – 1조각
엑스트라 버진 올리브유 – 150~200mL
소금, 후추 – 적당량

사용하는 향신료 & 허브

바질 / 마늘

만드는 방법

1. 바질잎, 잣, 파르메산 치즈, 마늘, 엑스트라 버진 올리브유를 믹서에 간다.
2. 페이스트 상태가 되면 농도를 보고 엑스트라 버진 올리브유(분량 외)를 적당량 더해서 조절하고, 소금과 후추를 각각 조금씩 넣어서 맛을 조절한다.
3. 남은 제노베제 소스는 밀봉 용기에 넣고 엑스트라 버진 올리브유를 조금 부은 뒤, 표면이 공기에 닿지 않도록 한다. 냉장고에서 약 한 달간 보존이 가능하다.

허브 활용법 ❸ - 바질

1 제노베제 소스를 사용한 브로콜리 샐러드

재료(2인분)

브로콜리 – 1개, 삶은 달걀 – 2개, 식빵 – 1장
제노베제 소스 – 큰 숟갈로 6술, 바질잎 – 적당량
파르메산 치즈(없으면 가루 치즈) – 적당량

만드는 방법

1. 브로콜리는 작은 송이로 나눠서 소금물에 데치고(소금은 분량 외) 소쿠리에 올린다.
2. 삶은 달걀은 껍질을 벗기고 반으로 자른다. 빵을 구운 뒤, 16등분으로 자른다.
3. 그릇에 1, 2를 넣고 제노베제 소스를 넣고 버무린다.
4. 접시에 담고 바질을 장식한 뒤 파르메산 치즈를 뿌린다.

2 오징어 바질 소테

재료(2인분)

바질잎 – 7~8장, 오징어 – 1개(둥글게 자른다)

A ┌ 생강 – 1/2쪽(잘게 썬 것)
  └ 마늘 – 1쪽(잘게 썬 것)

B ┌ 간장 – 큰 숟갈로 1술, 참기름 – 큰 숟갈로 1술
  │ 사오싱주 – 큰 숟갈로 1술
  └ 둥글게 자른 고추 – 작은 숟갈로 1/2술

샐러드유 – 큰 숟갈로 1술

만드는 방법

1. 프라이팬에 샐러드유를 가열해서 A를 볶고 향이 올라오면 오징어를 넣어서 살짝 볶는다.
2. B를 넣어 전체를 한데 볶은 뒤 바질잎을 넣고 살짝 볶는다.

③ 완두콩 매시드 포테이토

재료(2인분)

바질잎 – 15g, 감자 – 2개, 완두콩 – 200g
두유 – 1/2컵, 올리브 오일 – 큰 숟갈로 2술
소금, 후추 – 각각 조금씩

만드는 방법

1. 감자는 껍질을 벗겨서 4등분으로 자르고 잠길 듯 말 듯 하게 물에 넣고 삶는다. 부드러워지면 물을 뺀다.
2. 완두콩은 소금물에 데치고(소금은 분량 외) 콩깍지를 벗겨 낸 뒤 매셔로 거칠게 으깬다.
3. 감자도 매셔로 으깬 뒤 두유, 올리브 오일과 **2**를 넣고 섞는다.
4. 걸쭉해지면 소금과 후추로 간을 한다. 마지막으로 손으로 찢은 바질잎을 더해서 섞는다.

※ 완두콩은 속껍질을 벗겨야 식감이 좋게 완성된다.
  포크소테 등에 곁들여 먹는 것을 추천한다.

④ 바질미소 소바 샐러드

재료(2인분)

바질잎 – 20g
A ┌ 미소(일본 된장) – 50g, 설탕 – 큰 숟갈로 1술
  │ 미림 – 작은 숟갈로 1술
  └ 올리브 오일 – 작은 숟갈로 2술
소바 생면 – 250g, 루콜라(장식용) – 5g

만드는 방법

1. 바질미소를 만든다. 내열 용기에 미소, 설탕, 미림을 넣고 잘 섞은 뒤 랩을 휙 덮어서 전자레인지에서 1분간 가열한다.
2. 바질잎을 절구로 잘 빻은 뒤 **1**을 넣고 섞는다.
3. 소바는 데친 후, 찬물로 씻어서 물기를 짜낸 뒤 **2**로 버무려서 접시에 담는다.
4. 큼직하게 썬 루콜라와 바질잎을 취향에 맞는 드레싱으로 곁들여서 버무린다.

발리 롱 페퍼(자바 롱 페퍼)
Long Pepper

학명 : *Piper retrofractum*
과명 : 후추과
원산지 : 동남아시아
이용부분 : 열매

풍미 매운맛은 약하며, 단맛도 약간 있다.
이용법 식용
주의점 특별히 알려져 있지 않다.
해설 필발과 같은 속 다른 종인 페퍼다. 주로 태국, 말레이시아, 인도네시아 등에서 사용하며 '피파치', '피파츠'라는 이름으로 불리며 돼지고기의 잡내 제거나 오키나와 소바의 고명으로 사용하고 있다. 살균효과도 있기 때문에 식중독을 방지하는 향신료도 된다.

필발과 아주 닮았지만,
열매가 붙은 것이 롱 페퍼이다.

딸꾹질을 멈추는 효과도
롱 페퍼와 벌꿀을 섞은 것을 스푼 가득 묻혀서 핥는 것만으로도 딸꾹질이나 기침이 완화되고 호흡이 안정되는 등의 효과를 볼 수 있다.

백묘국
Dusty miller

학명 : *Senecio bicolor*
과명 : 국화과
원산지 : 지중해 연안
이용부분 : 꽃, 줄기, 잎, 뿌리

이용법 관상용
주의점 특별히 알려져 있지 않다.
해설 흰 잎이 특징이며 정원 꾸미기를 할 때에 인기가 많은 허브이다. 강건한 성질이며 자라는 데에 손이 많이 가지 않는다. 주로 잎을 감상하는 허브이지만 강장, 살균, 방부작용이 있다고 알려져 있다.

아름다운 은색 잎이 특징

백자작나무

Birch

학명 : *Betula pendula*
영명 : *Silver Birch, White Birch*
과명 : 자작나무과
원산지 : 북유럽
이용부분 : 잎, 나무껍질, 나무줄기

풍미 소독약 같은 자극적인 향
이용법 음료용, 약용, 헬스케어용, 목재용
주의점 특별히 알려져 있지 않다.
해설 주로 한랭지에서 자라는 수목이며 뒤틀림이 적고 광택이 아름다운 목재로 알려져 있다. 살균, 소독작용이 우수해서 로션제로 만들어 두피의 여드름이나 습진 치료, 구세액 등에 사용한다. 약에는 이뇨작용이 있기 때문에 요도 결석, 신장 결석 예방에 도움이 된다.

높이가 20m나 되는 낙엽대고목. 봄에 꼬리 모양의 꽃차례가 핀다.

버바스컴
Mullein

학명 : *Verbascum thapsus*
별명 : 멀레인, 모예화
과명 : 현삼과
원산지 : 지중해 연안, 아시아
이용부분 : 꽃, 줄기, 잎

버바스컴의 잎과 꽃을 건조시킨 것

풍미 우롱차 같은 고소함과 은은한 단맛이 있다.
이용법 음료용, 약용, 관상용, 공예용
주의점 특별히 알려져 있지 않다.
해설 회색 잎에 노란색 꽃을 피우며 성모의 양초, 귀신을 쫓는 허브로 불린다. 꽃에서 얻은 추출액에는 감기나 목 아픔을 억제하는 작용이 있으며 머리카락을 윤기 나게 하는 린스 등에도 사용된다. 또 우유로 잎을 우려내서 거즈에 담근 뒤 얼굴에 두고 팩을 하면 보습효과도 있다고 알려져 있다. 꽃을 잘게 찢어서 올리브유에 침출시킨 침출액을 귀에 떨어뜨리면 중이염에 효과적이라고 한다.

긴 꽃줄기 끝에 여러 개의 노란색 작은 꽃을 피운다.

베르가모트

Bergamot

학명 : *Monarda didyma*
별명 : 수레박하, 베르가못, 모날다(Monarda)
과명 : 꿀풀과
원산지 : 북미, 멕시코
이용부분 : 꽃, 줄기, 잎

풍미   레몬과 비슷한 향, 약간의 매운맛과 쓴맛
이용법   음료용, 식용, 염색용, 공예용, 관상용
주의점   청산이 미량 함유되어 있기 때문에 다용은 피할 것
해설   북미 원주민족이 티로 음용했던 허브로 살균효과가 있는 정유 성분인 티몰이 함유되어서 목 아픔이나 감염증, 소화 불량에 좋다고 여겨진다. 베르가모트 오렌지는 감귤과 매우 비슷한 향을 내는데, 이는 초조함이나 흥분된 기분을 억제하고 불안을 완화하는 데에도 사용한다. 벌이 많이 모이는 밀원식물이기도 하며 원예용품도 많다.

베르가모트의 이용법

어린잎은 와인의 향을 내는 데나 속을 채워 넣는 요리에 사용한다. 빨강이나 보라색 꽃잎은 샐러드로 만들거나 빵이나 쿠키 등을 만들 때뿐만 아니라 포푸리나 목욕탕에도 사용된다.

베르가모트의 꽃을 말린 것

베르가모트 오렌지
Bergamot orange

학명 : *Citrus bergamia*
과명 : 운향과
원산지 : 이탈리아
이용부분 : 과피, 씨

풍미 신선하며 단 향, 강한 쓴맛
이용법 향료용, 헬스케어용
주의점 광각작용을 일으키는 성분이 함유되어 있어서 피부에 사용한 경우에는 자외선을 피할 것
해설 베르가모트 오렌지는 식용으로는 적합하지 않기 때문에 과피에서 추출된 오일을 에센셜 오일로 이용한다. 향이 좋기 때문에 홍차 얼그레이의 향을 내는 데에 사용하는 것 외에 향수에도 사용한다.

베르가모트 오렌지의 열매와 잎

베토니
Betony

학명 : *Stachys officinalis*
과명 : 꿀풀과
원산지 : 유럽, 아시아
이용부분 : 꽃, 줄기, 잎, 뿌리

풍미 상쾌한 향
이용법 약용, 관상용
주의점 잎이나 뿌리에는 독성이 있다.
해설 선명한 적자색의 꽃을 피우며 약초원에서 자주 보이는 허브다. 타닌이 함유되어 있으며 혈행을 촉진하기 때문에 두통이나 불면증, 강장 효과가 있다고 하여 내복되었다. 그러나 현재에는 잎이나 뿌리에 독성이 있다는 것이 알려져 화단이나 정원에 심는 관상용으로 이용되고 있다.

적자색의 작은 꽃을 이삭처럼 피운다.

보리지
Borage

드라이 보리지

학명 : *Borago officinalis*
과명 : 지치과
원산지 : 남유럽, 지중해 연안
이용부분 : 꽃, 줄기, 잎

풍미 어린잎은 오이 같은 향이 나며 은은한 단맛과 쓴맛이 있다.
이용법 음료용, 식용, 관상용, 공예용, 약용
주의점 임신 중, 수유 중에는 피할 것. 소아, 간장질환이 있는 경우에는 식용으로 사용하지 말 것
해설 별 모양의 꽃이 아름다우며 관상용으로도 인기가 높은 허브다. 잎은 채소로, 꽃은 식용화로 샐러드나 제과뿐만 아니라 음료나 딥소스에도 사용한다. 미네랄이 풍부하며 소화, 해열, 발한작용이 있기 때문에 감기에 걸렸을 때에도 좋다. 또 강장작용, 혈액 정화, 울혈 완화, 신장 강화작용이 있다. 간독성이 있는 피롤리딘알칼로이드가 약간 함유되어 있기 때문에 반복적인 섭취는 피해야 한다.

자색을 띤 남색이며 별 모양의 꽃을 아래를 향해 피운다.

복숭아
Peach

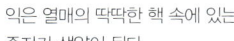

익은 열매의 딱딱한 핵 속에 있는 종자가 생약이 된다.

학명 : *Prunus persica*
별명 : 도자(桃子)
과명 : 장미과
원산지 : 중국
이용부분 : 꽃봉오리, 잎, 씨

풍미 마른풀 향, 풋내 나는 맛
이용법 음료용, 약용
주의점 임신 중에는 피할 것
해설 잎은 땀띠 등 피부가 거칠어졌을 때에 입욕제로 쓰며 차제로 만들면 거담작용이 있어서 기관지염 등에 효과가 있다고 여긴다. 한방에서는 종자를 건조시켜서 잘게 자른 것을 도인(桃仁), 꽃봉오리를 건조시킨 것을 백도화(白桃花)라 부르며 생약으로 만든다. '도인'은 혈액 순환을 좋게 하는 작용이 있기 때문에 생리 불순, 생리통, 치질, 코피, 타박상, 뇌졸중 후유증 등의 치료에 쓰이고 있다. 또 '백도화'에는 장을 촉촉하게 하는 효능이 있기 때문에 변비 해소에 사용된다.

부추

Leek, Chinese Chives

학명 : *Allium tuberosum*
과명 : 백합과
원산지 : 동아시아
이용부분 : 씨, 꽃, 줄기, 잎

풍미 특유의 냄새가 있으며 맵다.
이용법 식용, 음료용, 약용
주의점 특별히 알려져 있지 않다.
해설 오래전부터 스태미나에 좋은 채소로 취급되었다. 향의 성분인 알리신에는 항산화 작용과 혈행촉진작용이 있으며 피로 회복, 감기 예방 등에도 효과적이다. 한방에서는 내장을 따뜻하게 해서 대사를 좋게 하고 강장효과가 있다고 한다. 씨는 '구자(韮子)'라고 하여 강장, 빈뇨, 설사 등에 사용하고 있다.

더위나 추위에 상당히 강하고 번식력이 왕성하다.

우산 모양으로 흰 꽃을 피우며 검은 씨가 생긴다.

분홍트럼펫나무

Pau d'Arco

학명 : *Tabebuia impetiginosa*
과명 : 능소화과
원산지 : 남아메리카
이용부분 : 나무껍질

풍미 향은 거의 없고, 약간 쓴맛이 있다.
이용법 음료용, 약용
주의점 과잉 섭취하지 말 것
해설 분홍트럼펫나무의 꽃은 보라색의 큰 꽃송이며 모양이 트럼펫과 닮아 있어서 영명으로는 트럼펫 트리라고도 불리고 있다. 이용 부분은 나무껍질이며 잉카 시대부터 말라리아나 칸디다 등의 감염증, 호흡기질환, 류머티즘 등에 사용해 왔다. 최근 연구에서는 강한 항염증, 살균, 항바이러스 작용이 있는 것이 밝혀졌다.

열대 우림에 자라는 고목이며, 높이는 20m 이상이나 된다.

블래더 랙
Bladder wrack

학명 : *Fucus vesiculosus*
원산지 : 태평양, 대서양
이용부분 : 엽상체

- **풍미** 해조의 향과 맛
- **이용법** 음료용, 약용
- **주의점** 갑상선기능 항진증을 치료하려는 목적으로의 사용은 불가하다. 임신 중, 수유 중에는 피할 것. 장기간에 걸친 치료 목적의 사용은 하지 말 것
- **해설** 태평양이나 대서양안의 암초에서 자주 보이는 해조류이다. 옛날 유럽에서는 갑상선의 기능 저하를 개선하기 위한 요오드 공급원이었지만 지금은 그다지 사용되지 않는다. 블래더 랙을 원료로 해서 다이어트나 강장용 건강 보조 식품이 왕성하게 수입되고 있지만 과잉 섭취는 갑상선 기능이나 심장에 큰 부담을 주기 때문에 조심해야 한다.

블랙 커런트
Black currant

학명 : *Ribes nigrum*
불어명 : *Cassis*
과명 : 까치밥나무과
원산지 : 폴란드
이용부분 : 잎, 열매, 씨(기름)

건조시킨 블랙 커런트의 열매

검은색에 가까운 진한 자색의 열매를 맺는다.

- **풍미** 열매는 새콤달콤하다.
- **이용법** 음료용, 식용, 약용
- **주의점** 특별히 알려져 있지 않다.
- **해설** 카시스라는 이름으로 친숙한 블랙 커런트의 열매는 잼이나 디저트, 카시스주 등에 사용된다. 비타민C나 안토시아닌이 풍부하며, 감염증 예방이나 안구 피로에 효과가 있다. 또 잎에는 플라보노이드류가 함유되어 있어 발한, 이뇨, 수렴작용이 있으며 독감이나 기침 등에 대한 대책으로 사용되어 왔다. 종자유에는 자연계에서는 드문 γ-리놀렌산이 함유되어 있다.

비누풀

Saponaria, Soapwort, Bouncing bet

학명 : *Saponaria Officinalis*
별명 : 사포나리아
과명 : 석죽과
원산지 : 남아시아~유럽
이용부분 : 꽃, 줄기, 잎, 뿌리

`풍미` 약간 단 향
`이용법` 원예용, 약용, 헬스케어용
`주의점` 뿌리에 유독 성분이 함유되어 있기 때문에 잘못해서 마시지 말 것
`해설` 오래전부터 세탁을 할 때 비누로 쓰는 허브로 친숙했다. 전체적으로 사포닌이 함유되어 있기 때문에 잎이나 뿌리를 우려내면 비누액이 된다. 머리카락이나 피부 세정 외에도 박물관 등에서 귀한 직물을 선명하게 되살리는 세정제로도 사용하고 있다.

패랭이꽃과 매우 닮은 비누풀꽃

비터 오렌지필

Bitter orange peel

학명 : *Citrus aurantium*
과명 : 운향과
원산지 : 지중해 연안
이용부분 : 과피

`풍미` 감귤계의 향, 쓴맛이 있다.
`이용법` 음료용, 약용, 헬스케어용
`주의점` 위나 장의 궤양에는 사용을 피할 것. 광감작(光感作)작용이 있기 때문에 주의할 것
`해설` 비터 오렌지(귤)의 열매 껍질을 압착해서 얻은 정유에는 혈행 촉진효과 외에 강한 살균력이 있어서 피부질환에도 효과를 볼 수 있다. 식욕 부진이나 소화 불량에도 효과가 있으며, 위액 분비를 높이는 작용이 있다.

건조시킨 과피

비터 오렌지는 세비야 오렌지를 말한다.

※ 광감작이란, 형광 물질 때문에 생체의 빛에 대한 감도가 높아지는 현상

빌베리
Bilberry

학명 : *Vaccinium myrtillus*
과명 : 진달래과
원산지 : 북유럽
이용부분 : 열매

빌베리의 열매

눈에 좋은 허브로 알려져 있다.

풍미 열매는 신맛이 있다.
이용법 음료용, 식용, 약용, 헬스케어용
주의점 특별히 알려져 있지 않다.
해설 블루베리와 매우 닮았지만 다른 속의 유사종이다. 블루베리보다도 작은 흑갈색의 새콤달콤한 열매를 맺는다. 안토시아닌이라는 색소 성분이 많이 함유되어 있어서 시각기능을 개선하거나 눈병을 예방하는 작용이 있다. 또 모세 혈관을 강화하는 작용도 있어서 동맥경화, 당뇨병성 망막증의 예방에도 사용되고 있다.

뽕나무(오디)
Mulberry

학명 : *Morus alba*
과명 : 뽕나무과
원산지 : 중국 중부, 한반도
이용부분 : 열매, 줄기, 잎, 뿌리

건조시킨 뽕나무 잎

다 익으면 열매는 빨강에서 흑자색이 된다.

풍미 풀 향, 순한 맛
이용법 음료용, 식용, 약용, 헬스케어용
주의점 드물게 복부에 팽만감을 일으킨다.
해설 다 익은 열매는 세계 각지에서 생식되며 과실주나 잼 등에도 사용되어 왔다. 잎에 함유된 DNJ(데옥시노지리마이신)에는 식후 혈당 상승을 억제하는 작용이 있기 때문에 당뇨병 치료나 생활 습관병의 예방에 효과가 있다고 하는 연구가 진행되고 있다. 미용 분야에서는 미백 목적으로 사용하는 경우도 있다.

사사프러스

Sassafras

학명 : *Sassafras albidum*
과명 : 녹나무과
원산지 : 북미 동부
이용부분 : 잎, 뿌리

풍미 은은한 레몬 같은 향, 매운맛이 있다
이용법 향료용, 음료용, 식용, 목재용, 약용
주의점 임신 중, 수유 중에는 피할 것. 장기간 복용은 피할 것
해설 혈액 속에서 독소를 배출하며 진정, 이뇨작용이 있기 때문에 숙취 등에 효과가 있다. 뿌리에서 추출된 정유인 사사프러스유는 사프롤을 주성분으로 하고 신경 독성이 있다. 때문에 현재에는 사프롤이 함유되어 있지 않은 것만 사용할 수 있다.

잎은 타원형 모양의 달걀형으로 끝이 1~3개로 갈라져 있다.

사프롤이 함유되지 않은 잎을 건조시켜 잘게 부순 것은 미국 남부의 케이준 요리에서 걸죽함을 내는 데에 쓰인다.

사프란

Saffron crocus

학명 : *Crocus sativus*
과명 : 붓꽃과
원산지 : 지중해 연안
이용부분 : 암술

건조시킨 사프란 암술

풍미 입 속에 오래 남는 독특한 향이며 자극과 쓴맛이 있지만 향기롭다.
이용법 식용, 약용
주의점 낙태 촉진작용, 통경작용, 자궁 수축작용이 있기 때문에 임신 중에는 사용하지 말 것
해설 바닐라의 10배, 카더멈의 50배나 되는 가격이 붙는 가장 고가의 향신료다. 한 개의 꽃에서 겨우 3개밖에 딸 수 없고 2만 개를 모아도 125g 정도이다. 게다가 손으로 따서 채취하기 때문에 가격이 높다. 스페인에서는 파에야 등의 쌀 요리나 생선 요리에 빼놓을 수 없다. 프랑스에서는 부야베스, 이탈리아에서는 리소토에 자주 쓴다. 아유르베다에서는 이뇨제, 소화기관의 질환에 이용하고 있다.

옅은 보라색의 꽃을 피운다.

겨우 3개만 있는 암술의 꽃실이 향신료가 된다.

산마늘

Victory onion, Alpine leek

학명 : *Allium victorialis subsp.platyphyllum*
과명 : 백합과
원산지 : 일본, 중국, 극동 러시아
이용부분 : 잎줄기

풍미 마늘과 비슷한 냄새와 맛
이용법 식용, 음료용, 약용, 헬스케어용
주의점 특별히 알려져 있지 않다.
해설 자라는 속도가 늦고 수확까지 5~7년이 걸리기 때문에 희소한 산나물로 취급된다. 잎에는 강한 마늘향이 나며 마늘보다도 알리신이 풍부하다. 항균작용이나 비타민B1 활성효과도 있어서 자양 강장, 피로 회복에 사용된다. 또 황화알릴의 효능으로 혈액 속의 지방질을 줄이거나 활성산소를 제거하고 노화 방지에도 도움이 된다고 알려져 있다.

독이 있는 은방울꽃과 잎이 닮았기 때문에 주의가 필요하다.

산마늘과 명이나물

요즘에 고깃집에 가면 자주 보이는 명이나물은 산마늘로 만든 장아찌로 명이나물이라는 이름은 보릿고개 때 목숨을 이어주던 풀이라고 해서 붙여졌다고 한다. 일본에서는 행자마늘이라고도 불리는데, 이는 산에 틀어박힌 수도자의 행자가 먹은 것에서 유래했다는 설과 반대로 이것을 먹으면 몸에 힘이 너무 나서 수행이 되지 않기 때문에 먹는 것이 금지되었다는 설이 있다.

산초

Japanese pepper

학명 : *Zanthoxylum piperitum*
과명 : 운향과
원산지 : 일본, 한반도 남부
이용부분 : 씨, 꽃, 줄기, 잎

산초 홀

풍미 귤과 비슷한 상큼한 방향, 찌릿한 매운맛과 저림이 있
이용법 식용, 원예용
주의점 특별히 알려져 있지 않다.
해설 예로부터 친숙한 일본을 대표하는 허브 중 하나이면서 한국도 같은 식물을 쓴다. 중국에서는 화초를 사용한다. 일본에서는 구이나 조림의 배색을 위해 더하며 향을 즐긴다. 또 꽃이나 열매는 쓰쿠다니(조림)에, 열매 껍질은 산초가루 등으로 만들어 사용한다. 매운맛의 성분인 산쇼올에 내장 활성화와 해독, 살균효과가 있다는 것이 확인되었다. 또 건조한 씨를 볶은 것은 이뇨나 건위, 정장작용도 있다고 알려져 있다. 산초는 생약으로도 처방되며 위장계를 따뜻하게 하고 기능을 촉진시키는 작용이 있는 한편, 치통이나 산통에도 효과가 있다고 알려져 있다.

🌿 육류에 맞는 향신료

산초는 육류와도 궁합이 좋다. 중국에서는 베이징 오리구이 외에 화초로 맛을 낸 방방지(棒棒雞)를 식혀서 오이와 양파를 첨가한 요리 등에도 사용한다.

🌿 일본에서도 친숙한 향신료

산초 홀의 열매는 일본에서는 산초조림이나 절임에 사용된다. 산초가루는 장어구이 등에 뿌리는 향신료로 친숙하다. 어린잎은 '고노메(새싹)'라고 부르며, 요리의 향을 내거나 무침으로 사용되고 있다.

🌿 중국의 화초

중국에서 사용되는 화초는 일본의 산초와는 같은 속 다른 종인 초피나무 열매의 껍질이다. 오향분에 쓰인다. 화초와 소금을 합친 '화초염'도 있다.

잎 꼭지가 붙어 있는 부분에 한 쌍의 가시가 있다.

중국산 화초

오향분

중국요리에 사용되는 혼합 향신료다. 독특한 풍미를 가진 자극적인 향이 있으며, 돼지고기나 닭고기 요리의 잡내 제거나 향을 내는 데에 쓰인다. 시판되는 상품은 메이커에 따라 위에 적힌 향신료 이외의 것이 사용되기도 하고 배합 비율이 다른 경우도 있다.

산초 파우더

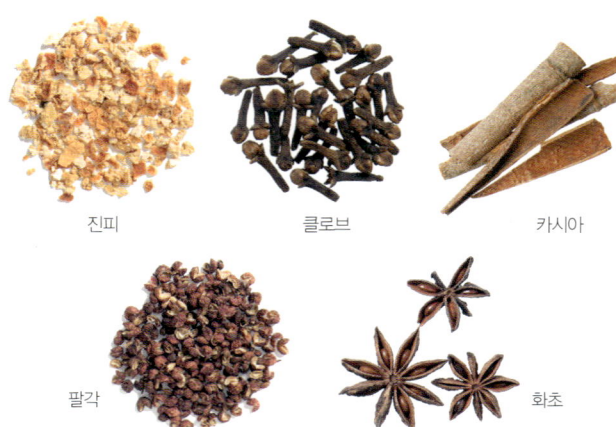

진피   클로브   카시아

팔각   화초

산초와 같은 속 다른 종인 '화초'(중국산) 파우더

열매를 갈아 으깨면 중국요리에 사용되는 혼합 향신료 '오향분'의 재료가 된다. 두꺼운 프라이팬에서 볶으면 풍미와 향이 한층 올라온다. 중국에서 산초는 육계(肉桂, 카시아)나 생강 등과 함께 고대부터 사용되어 왔던 것으로 당시에는 과실주나 요리의 향을 내는 데에 사용되었다.

산톨리나

Santolina, Cotton Lavender

학명 : *Santolina spp*
별명 : 코튼 라벤더, 라벤더 코튼
과명 : 국화과
원산지 : 프랑스 남부, 북지중해 연안
이용부분 : 꽃, 줄기, 잎

퐁퐁 달리아 같은 둥근 꽃을 피운다.

풍미 국화와 닮은 독특한 강한 향이 난다.
이용법 공예용, 원예용, 헬스케어용, 염색용
주의점 특별히 알려져 있지 않다.
해설 독특한 향을 가지고 있어서 지중해 연안에서는 공기를 상쾌하게 하는 허브로 알려져 있다. 방충효과가 있기 때문에 드라이 허브로 만들어서 작은 봉투에 넣어 사쉐 등으로 만들어도 좋다. 은회색이며 솜털로 덮인 두꺼운 잎은 부케나 꽃꽂이, 산울타리 등에도 사용된다.

잘게 갈라진 회색 잎

샌들우드(백단)

Sandalwood

학명 : *Santalum album*
과명 : 백단과
원산지 : 인도
이용부분 : 꽃, 줄기, 잎, 뿌리

반기생 열대성 상록수

풍미 상쾌하고 단 향
이용법 향료용, 헬스케어용, 약용
주의점 신실질에 염증이 있는 경우에는 사용하지 말 것. 정유를 내복한 경우에는 요로나 신장에 자극 증상이 발생할 수가 있으므로 주의
해설 생장하면서 다른 나무의 뿌리에 기생하는 반기생 식물이다. 귀중한 향목으로 취급되며 정유에 포함된 산타롤이라는 성분에는 살균이나 이뇨작용이 있어서 약용으로 널리 사용된다. 아유르베다에서는 심신 전체를 식히고 진정시키는 효과가 있다고 알려져 순환기계, 소화기계, 호흡기계, 신경계 모두에 작용을 미친다고 여겨지고 있다. 정신적인 스트레스와 불안증 등을 완화한다.

마음을 진정시키는 백단의 향

인도의 사원이나 종교 의식에서는 명상할 때에 백단향을 피운다고 한다. 그윽하게 단 향은 진정효과가 높아서 잡념을 떨치고 집중할 때에 사용된다.

생강
Ginger

학명 : *Zingiber officinale*
과명 : 생강과
원산지 : 인도, 중국
이용부분 : 뿌리

생 생강

풍미 나무향이 나고 향이 풍부하며, 혀에 톡 쏘는 강렬한 맛

이용법 식용, 약용, 음료용

주의점 피부염, 고열, 출혈 증상이 있는 경우에는 사용을 피할 것. 담석이 있는 사람은 의사와 상담할 것

해설 중국 등 아시아 여러 나라에서는 마늘 등과 함께 자주 사용한다. 인도에서는 날것과 건조한 것 모두 널리 쓰이고 있지만, 아랍의 여러 나라나 유럽과 미국에서는 건조한 것이 많이 사용되고 있다. 일본에서도 고명이나 밑간에 빼놓을 수 없는 재료로 식초에 절이거나 어린잎의 뿌리 부분(잎생강)을 베어 먹는 등 식생활에 도입하고 있다. 매운 성분인 쇼가올에는 혈액의 순환을 좋게 하고 몸을 따뜻하게 하는 작용이 있어 감기 기운일 때에 생강차를 마시는 경우도 있다. 위를 튼튼하게 하며 발한, 해독 등에도 효과적이다.

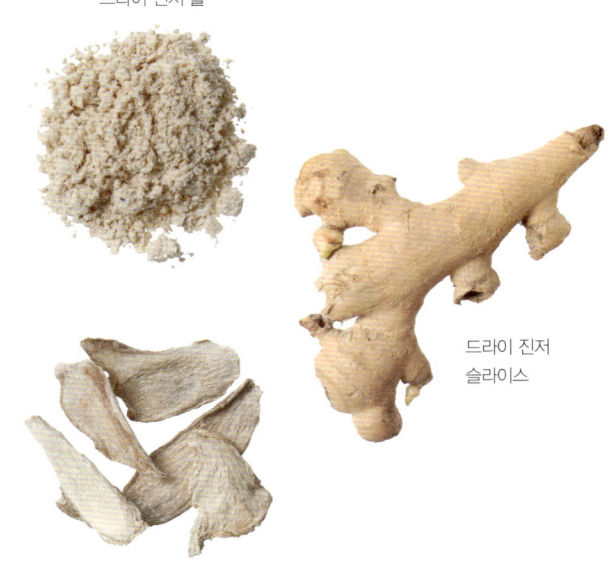

드라이 진저 홀

드라이 진저 슬라이스

드라이 진저 파우더

🌿 생 뿌리줄기
신선한 뿌리줄기는 울퉁불퉁하며 색감은 희미한 담황색 또는 오프 화이트다. 고를 때에는 단단하고 과육 부분이 그다지 섬유질이지 않은 것을 고르는 것이 좋다.

🌿 드라이 진저
뿌리줄기를 건조시켜서 쪼갠 것.
으깬 뒤에 사용한다.

🌿 파우더
유럽에서는 빵이나 비스킷, 케이크 등의 과자나 그릴 요리에 사용된다. 동양에서는 혼합 향신료의 재료 중 하나다.

🌿 오일
강장주 등의 향료로 사용된다. 복부의 당김이나 소화 불량에도 좋다고 알려져 있다.

세계 각국에서 친숙한 향신료
카레 파우더나 혼합 향신료의 재료 외에 진저 브레드, 비스킷, 케이크, 푸딩, 피클, 그리고 아시아 여러 나라의 많은 채소 요리에 사용되고 있다. 인도에서는 생강과 마늘을 갈아 낸 것을 쓰기도 하며 양파를 볶은 뒤에 더하는 조미료로, 귀하게 여겨지고 있다. 또 진저맥주나 진저와인, 진저에일 등도 인기 있는 음료이다.

진저에일 만드는 방법
얇게 썬 생강에 물, 꿀, 레몬즙, 시나몬 스틱, 고추를 더한 뒤에 불에 올리고 중불에서 천천히 졸인다. 식은 뒤 탄산수로 희석하면 집에서 만드는 진저에일이 완성된다.

🍃 **생산량**

인도나 중국, 네팔에서 생산이 활발하다. 나이지리아나 태국이 뒤를 잇는다.

🍃 **특징과 수확**

1m 정도의 높이가 되는 일년초로 모래땅에서 나며, 햇빛을 굉장히 좋아한다. 여름이 되면 노란색의 작은 꽃을 많이 피운다. 질 좋은 잎을 수확하기 위해서는 잎이 피기 전에 따는 것이 중요하다. 뿌리줄기는 충분히 익기를 기다렸다가 노란빛이 나는 갈색으로 변색된 뒤에 수확한다.

● **생강으로 만드는 것** ●

❶ 시럽 절임(과일청)
부드러운 부분을 시럽 절임으로 만든 것으로 중국, 홍콩, 호주 등에서 수출하고 있다.

❷ 진저맨 쿠키
생강의 풍미가 나는 비스킷으로 크리스마스 트리를 장식하는 데에 사용된다.

❸ 홍생강
초밥 등 일본 요리에 자주 쓰인다.

❹ 생강티
생 또는 드라이 진저를 5분 정도 우려낸 것으로 감기에 매우 효과가 있다.

생강꽃. 붓꽃을 닮은 노란 꽃을 피운다.

잎생강

생강 재배 풍경. 1m 정도 높이로 자란다.

허브 활용법 ❹ - 생강

❶ 생강 풍미가 나는 삼계탕

재료(만들기 쉬운 양)

뼈 있는 닭다리 부분 – 1개, 찹쌀 – 1/6컵
긴 파 – 1/2개(얇게 어슷썰기 한 것), 간 생강 – 큰 숟갈로 1술
마늘 – 1/2쪽, 구기자 열매와 잣 – 각각 큰 숟갈로 1/2술
대추 – 2개, 물 – 3과 1/2컵, 소금 – 작은 숟갈로 1술

만드는 방법

1. 찹쌀은 씻어서 물에 1시간 정도 담근다. 냄비에 모든 재료를 넣는다.
2. 불에 올리고, 보글보글 끓으면 약불에서 1시간 정도 푹 끓인다.
3. 닭고기를 꺼낸 뒤, 뼈를 제거하고 살을 발라낸다. 고기를 다시 넣고 취향에 따라 소금과 후추를 조금씩 친다.

❷ 수제 진저에일

재료(2인분)

생강 – 3쪽, 꿀 – 40g, 탄산수 – 적당량

만드는 방법

1. 생강은 껍질을 벗긴 뒤 얇게 썬다.
2. 보존병에 1과 꿀을 넣고, 반나절 이상 둬서 시럽을 만든다.
3. 유리잔에 얼음, 시럽 반, 탄산수 적당량을 부은 뒤 섞는다.

③ 생강조림

재료(만들기 쉬운 양)

생강 – 200g
A ┌ 간장 – 큰 숟갈로 2술
  └ 맛술, 미림, 꿀 – 큰 숟갈로 1술씩

만드는 방법

1. 생강은 껍질을 벗겨서 얇게 썬다.
   냄비에 **1**과 **A**를 넣고, 약불로 국물이 없어질 때까지 졸인다.
   ※ 생강을 미리 데쳐 두면 매운맛이 약해진다.

④ 잘게 썬 생강 단식초 절임

재료(만들기 쉬운 양)

생강 – 200g(잘게 썬 것)
A ┌ 식초 – 1컵
  └ 설탕 – 약 1/2컵, 소금 – 작은 숟갈로 1술

만드는 방법

1. **A**를 냄비에 넣고, 한소끔 끓인 뒤에 불에서 내린 후 열을 식힌다.
2. 보존 용기에 생강을 넣고 **1**을 붓는다. 하룻밤 재워 둔다.
   ※ 생강의 매운맛이 신경 쓰일 경우에는 살짝 데친 뒤 물기를 잘 뺀 다음 재우자.

5 정어리 생강 조림

재료(4인분)

정어리 – 8마리

A ┤ 생강 – 2쪽(잘게 썬 것), 간장 – 큰 숟갈로 3술
　　미림 – 큰 숟갈로 2술, 설탕 – 큰 숟갈로 1술
　　식초 – 큰 숟갈로 1술, 맛술 – 1/2컵
　　물 – 1과 1/2컵

만드는 방법

1 정어리는 머리와 내장을 제거하고 씻은 뒤, 물기를 잘 닦아 낸다.

2 A와 정어리를 냄비에 넣고, 뚜껑을 덮은 뒤에 20분 정도 졸인다.

서양 머위

Butterbur

학명 : *Petasites hybridus*
과명 : 국화과
원산지 : 유럽, 북·서아시아
이용부분 : 잎, 뿌리줄기

어린 꽃차례는
옅은 녹색

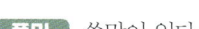 쓴맛이 있다.

이용법 음료용, 식용, 약용, 헬스케어용

주의점 일본 후생노동성에서는 서양 머위가 함유된 식품 섭취가 심한 간 장애를 일으킨다는 보고가 있어 당분간 섭취를 피하라는 통지가 나오고 있다.

해설 높이 1m 정도가 되는 다년초이며, 한국과 일본에서 자라는 머위와는 같은 속 다른 종인 식물이다. 뿌리줄기에는 약효 성분이 많아서 기관지염이나 천식, 꽃가루 알레르기 등에 사용되고 있다. 편두통의 약효나 배뇨 문제를 개선하는 효과도 인정받고 있지만 급성 간염이나 간부전을 일으킬 가능성이 있다고 하여 섭취할 때는 주의가 필요하다.

라일락색의 작은 두화를 피운다.

서양 민들레

Dandelion

학명 : *Taraxacum officinale*
과명 : 국화과
원산지 : 북반구 온난 지역
이용부분 : 꽃, 줄기, 잎, 뿌리

풍미 뿌리에 커피와 비슷한 향과 쓴맛이 있다.
이용법 식용, 음료용, 헬스케어용, 염색용, 관상용
주의점 담도폐쇄, 장폐색, 위독한 담낭염 등에는 사용 금지. 치커리 뿌리를 섞어 넣는 것에 주의할 것
해설 이른바 민들레로 길가에 피어 있는 잡초 같은 이미지지만, 서양 민들레는 유럽과 미국에서 '자연의 약국'이라고 불릴 정도의 유용한 허브 중 하나이다. 비타민, 철분, 칼륨이 함유되어 있어서 건위, 강장, 이뇨작용이 있는 자연약으로 사용한다. 아유르베다에서는 간장이나 담낭의 상태 불량, 류머티즘 등의 체질 개선에 효과가 있다고 여기고 있다.

서양 민들레의 드라이 허브

어린 잎은 샐러드나 허브티로 사용하고, 뿌리는 건조시킨 다음 달여서 무카페인 민들레 커피로 마신다.

서양 승마

Black cohosh, black snakeroot

학명 : *Cimicifuga racemosa*
과명 : 미나리재비과
원산지 : 북미
이용부분 : 뿌리, 뿌리줄기

건조시킨 뿌리와
뿌리줄기

풍미　담백하고 고소하다.
이용법　음료용, 약용, 헬스케어용
주의점　임신 중, 수유 중에는 피할 것. 부인과계 질환이 있는 사람은 사용하지 말 것
해설　오래전부터 북미 원주민들이 사용해 온 여성을 위한 메디컬 허브다. 에스트로겐 등의 여성호르몬과 비슷한 작용을 가지고 있어서 갱년기 호르몬 보충 요법 등으로도 사용된다. 핫플래시, 두근거림, 현기증 등 자율신경 조절이 안 될 때, 울화병, 불면 등의 증상을 완화한다고 알려져 있다. 천연 여성호르몬제로 생리통이나 월경 전 증후군(PMS)를 개선하는 작용도 있다. 한방에서는 같은 속 유사종인 '승마(升麻)'에 발한 해독, 지혈작용이 있다고 여긴다.

서양 쐐기풀

Nettle

학명 : *Urtica dioica*
과명 : 쐐기풀과
원산지 : 유럽, 아시아
이용부분 : 잎, 줄기

건조시킨
서양 쐐기풀잎

풍미　녹차 같은 풍미
이용법　음료용, 식용, 헬스케어용
주의점　심장병, 신장병에 의한 부종이 있는 경우에는 사용하지 말 것
해설　크로로필이 풍부하게 함유되어 있어서 혈행을 촉진하는 허브로 알려져 있으며 아토피나 꽃가루 알레르기, 류머티즘 등의 알레르기 질환이나 혈중 콜레스테롤의 감소 등에 이용한다. 철분도 많아서 빈혈 대책으로도 사용한다. 독일에서는 초봄에 나타나는 알레르기 증상을 억누르기 위해 마시는 풍습이 있다.

줄기나 잎의 표면에는 털 같은 가시가 있다.

서양오이풀(샐러드 바넷)
Salad burnet, Garden burnet

학명 : *Sanguisorba minor*
과명 : 장미과
원산지 : 아시아, 유럽, 북아프리카
이용부분 : 꽃, 줄기, 잎

- `풍미` 오이와 비슷한 맛
- `이용법` 식용, 헬스케어용, 원예용, 공예용
- `주의점` 특별히 알려져 있지 않다.
- `해설` 생잎은 샐러드나 허브 버터에 쓰인다. 학명은 라틴어로, '상처나 내출혈을 치료하는 것'이라는 의미다. 오래전부터 피를 위한 약용 허브로 이용해 왔다. 지혈, 수렴, 소화 촉진, 이뇨작용 등이 있다고 알려져 있다.

잎의 테두리는 파도 모양이며, 밑둥에서 줄기를 방사형으로 뻗는다.

서양쥐오줌풀

Common valerian

학명 : *Valeriana officinalis*
별명 : 바레리앙
과명 : 마타리과
원산지 : 유럽
이용부분 : 뿌리, 뿌리줄기

- `풍미` 독특한 강한 냄새가 나며, 조금 쓴맛이 있다.
- `이용법` 음료용, 약용, 원예용
- `주의점` 임신 중 및 수유 중의 사용은 피할 것. 섭취 후 졸음을 불러일으키는 경우가 있기 때문에 차 운전이나 기계 조작은 주의. 과잉 섭취는 저림이나 마비 등을 일으키는 경우가 있기 때문에 피할 것
- `해설` 오래전부터 정신을 안정시키고 불면증을 완화시키는 약초로 사용되어 온 허브다. 중추신경을 억제하고 근육의 긴장을 풀어 주며 불면, 편두통 등에 도움이 된다.

건조시킨 서양쥐오줌풀의 뿌리

서양쥐오줌풀의 꽃

서양톱풀(야로)
Yarrow

학명 : *Achillea millefolium*
과명 : 국화과
원산지 : 유럽
이용부분 : 지상부(특히 소두화)

지상부의 전초를 건조시킨 것

작은 꽃을 반구 모양으로 많이 피운다.

- **풍미** 약초 같은 향, 조금 쓴맛이 있다.
- **이용법** 음료용, 헬스케어용, 염색용, 관상용, 공예용
- **주의점** 임신 중에는 피할 것. 다량으로 마시면 두통이나 현기증, 광과민증, 알레르기를 일으킬 수도 있다. 국화과 식물 알레르기가 있는 사람은 사용하지 말 것
- **해설** 유럽이 원산지인데, 서양톱풀은 북반구에만 약 100종이 분포한다. 잎의 모양 때문에 톱풀이라고 불리고 있다. 고대 그리스 시대부터 지혈제로 상처 치료에 쓰여 왔다. 살균작용이 있어서 염증을 진정시키는 허브로도 알려져 있다. 비타민C나 미네랄도 풍부해서 채소로도 이용되는데 아유르베다에서는 월경 과다, 생리통에 온화하게 잘 듣는 허브로 취급하고 있다.

🌿 학명의 유래
학명인 'Achillea'는 그리스 신화에 나오는 영웅 아킬레스에서 이름 붙여진 것이다. 아킬레스와 그 부하가 전투에서 받은 상처를 이 식물을 사용해서 치료했다고 알려져 있다.

석류
Pomegranate

학명 : *Punica granatum*
과명 : 석류과
원산지 : 서남아시아
이용부분 : 열매, 과피, 뿌리의 껍질

석류 열매

석류 파우더

- **풍미** 은은한 신맛을 띤 향. 맛은 달고, 새콤달콤하고, 신맛이 나는 등 차로 이용한다.
- **이용법** 식용
- **주의점** 변비인 사람은 사용을 피할 것
- **해설** 식용이 되는 것은 종자 주변의 종의(種衣, 외종피(外種皮)라고도 한다)라는 부분이다. 과즙에는 피로 회복효과가 있는 구연산이 함유되어서 시럽으로 만들거나 드레싱으로 사용한다. 건조시킨 것을 북인도에서는 아나다나라고 부르며, 빻아서 처트니나 카레, 빵이나 페이스트리의 내용물 등으로 쓴다. 인도의 펀자브 지방에서는 파우더를 이용하며 과일향이 나는 신맛을 채소 요리 등에 넣는 경우도 있다. 위를 튼튼히 하는 작용이 있고 시나몬이나 클로브와 조합하면 그 효과가 증대된다. 과즙에 에스트로겐이 함유되었다 해서 화제가 된 적도 있지만, 효과가 나타나기에 충분할 정도의 양은 함유되어 있지 않다고 밝혀졌다.

설차
Snow Tea

학명 : *Thamnolia vermicularis*
영명 : *Snow Tea*
원산지 : 히말라야 산계의 원난성, 티벳
이용부분 : 지의체(地衣体)

눈이 녹은 뒤 채취해서 건조시킨 것

풍미 향도 맛도 거의 없다.
이용법 음료용, 헬스케어용
주의점 특별히 알려져 있지 않다.
해설 명 시대부터 황제에게 헌상되었고 궁정비차로 마셨던 설차다. 극한의 고산 지역에서만 자라는 희소한 들풀이며 일 년에 몇 mm밖에 자라지 않는다. 지방 분해나 신진대사를 활성화시키는 효과가 있기 때문에 고혈압, 불면증에 사용하는 생약으로 여겨진다. 다이어트나 피부 미용 목적을 위해 허브티로 마시는 경우도 있다.

해발 3800m 이상의 암석 등에 자생하는 지의류(地衣類)

섬머 세이보리
Summer savory

학명 : *Satureja hortensis*
과명 : 꿀풀과
원산지 : 유럽, 북아프리카
이용부분 : 꽃, 줄기, 잎

풍미 타임과 비슷한 청량감 있는 향, 톡 쏘는 자극적인 쓴맛

이용법 식용, 음료용, 약용

주의점 특별히 알려져 있지 않다.

해설 세이보리는 '콩의 허브'라고도 할 정도로 콩 요리와 궁합이 좋은 허브다. 자극이 있는 매운맛과 강한 향이 특징이며 식욕 부진, 피로 회복, 건위, 이뇨, 냉증 등에 사용되고 있다. 여름 동안 옅은 보라색의 작은 꽃을 드문드문 피운다.

길이 30~60cm의 일년초

원터 세이보리보다 향기가 진하다.

세이지(샐비어)
Common Sage

학명 : *Salvia officinalis*
별명 : 샐비어
과명 : 꿀풀과
원산지 : 지중해 연안, 북아프리카
이용부분 : 잎

풍미 장뇌와 비슷한 깔끔한 향과 쓴맛

이용법 식용, 음료용, 원예용

주의점 임신 중에는 사용하지 말 것. 장기간 복용은 불가하다.

해설 항산화 작용이 강해서 고대 로마 시대부터 면역을 높이는 약초로 사용되었다. 강한 향에는 살균이나 강장작용이 있어서 빈혈 개선이나 발한 억제작용도 있다. 목 아픔이나 구내염 등의 구강 트러블에 티나 구강 청결제로 자주 사용된다. 허브티로 만들면 약간 부드러워져서 신경 밸런스를 바로잡고 기분을 긍정적으로 만든다. 세이지차는 홍차가 수입되기 전의 영국에서 굉장히 자주 마셨다고 한다.

벨벳 같은 감촉의 생잎

🌿 식물의 특징

높이 50~70cm 정도이며, 5~7월에 보라색 꽃을 피운다. 긴 타원형의 잎은 벨벳 같은 감촉이다. 잎의 색이 다르거나 반점이 들어가는 등의 원예 품종이 많이 있다.

🌿 고기 요리와도 좋은 궁합

고기의 냄새를 잡는 데에 적합한 허브. 생 세이지의 잎을 잘게 잘라서 써도, 병조림으로 판매되고 있는 건조된 세이지로도 요리에 똑같이 사용할 수 있다. 기름기를 억제하는 효과가 있고 상큼한 향도 전해져서 요리의 마무리를 깔끔하게 만들어준다.

소시지의 어원이 되기도

세이지는 돼지고기 등 고기의 잡내를 없앨 때에도 사용되어 왔다. 소시지를 만드는 데에 사용되었기 때문에 소시지의 어원이 되었다는 설도 있지만, 단순한 어조 맞추기라는 설이 유력하다.

불로장수의 허브로 중세부터 인기가 높았다.

세인트 존스 워트
St John's wort

학명 : *Hypericum perforatum*
과명 : 물레나물과
원산지 : 유럽~아시아
이용부분 : 꽃, 줄기, 잎

세인트 존스 워트의 꽃

풍미 흙 같은 향, 흙내 나는 맛
이용법 약용, 음료용
주의점 항우울약, 강심약, 면역 억제약, 기관지 확장약, 지질이상증 치료약, 항HIV약, 혈액 응고 저지약, 경구 피임약 등의 약을 복용하고 있는 경우에는 피할 것
해설 어두워진 마음에 밝음을 되찾는다는 의미로 '선샤인 서플리먼트'라고 불리며 불면증, 항우울, 계절성 감정 장애 등의 치료에 사용된다. 그 밖에도 갱년기 장애나 월경 전 증후군(PMS), 헤르페스 등에도 효과가 있다고 알려져 있다. 외용인 틴크제는 소염 진통에 사용된다.

지상부를 건조시킨 것

센나
Alexandrian Senna

취급 주의

학명 : *Senna alexandrina* 또는 *Cassia angustifolia*
영명 : *Senna*
과명 : 콩과
원산지 : 아프리카
이용부분 : 씨, 잎, 줄기

센나의 열매를 건조시킨 것

풍미 향은 거의 없고, 쓴맛이 있다.
이용법 음료용, 약용
주의점 장폐색, 임산부, 수유부, 12세 이하의 소아, 만성 변비에는 사용하지 말 것. 염증을 동반한 증상, 상태에도 사용하지 말 것. 또 8~10일을 넘는 장기간 사용은 불가능
해설 유럽에서는 오래전부터 하제약으로 널리 사용되어 왔다. 장관을 자극해서 장속을 정화하는 강력한 작용이 있어서 많이 사용하면 대장의 근력이 쇠퇴하는 경우가 있기 때문에, 연이어 사용하는 것은 피해야 한다. 아유르베다에서는 생강이나 펜넬 등 위를 튼튼히 하는 작용이 있는 허브를 4분의 1정도 더하면 작용을 완화시킬 수 있다고 알려져 있다.

센나의 꽃

셀러리
Celery

학명 : *Apium graveolens*
과명 : 미나리과
원산지 : 남유럽
이용부분 : 씨, 줄기, 잎

셀러리 시드 홀

셀러리의 꽃

풍미 심하지 않은 쓴쓰레함이 있고, 너트메그나 파슬리의 향이 느껴진다.

이용법 식용, 약용

주의점 임신 중에는 사용하지 말 것. 신장병이 있는 경우에는 주의해서 사용할 것(셀러리 시드)

해설 현재 채소로 먹고 있는 셀러리는 야생종이 개량된 것이다. 거기에서 딴 셀러리 시드는 식품업계에서 피클이나 토마토 케첩 등에 자주 사용하고 있다. 드레싱에 넣어서 샐러드에 뿌리면 몸이 따뜻해진다. 현재의 연구로는 천식에 좋다고 알려져, 간장병이나 기관지염 등에도 처방된다.

> **셀러리 시드 차 만드는 법**
> 셀러리 시드를 넣은 컵에 뜨거운 물을 부어 3~4분 기다리는 것만으로 완성이다. 마음을 차분하게 하고 안면효과가 있다고 알려져 있다.

소프베리

Western soapberry, Wild chinatree

건조시킨 소프베리

학명 : *Sapindus drummondii*
과명 : 무환자나무과
원산지 : 아메리카, 멕시코
이용부분 : 열매

풍미 새콤달콤한 향, 견과류 같은 맛
이용법 약용, 공예용, 헬스케어용
주의점 유독 성분이 함유되어 있다.
해설 과피에 사포닌이 많이 함유되어 있고 거품이 일어나는 성질이 있어서, 오래전부터 의류의 세제로 이용되어 왔다. 잔잔한 결의 자그마한 거품이 인다. 씨는 굉장히 딱딱하다.

액체 비누 만드는 방법
물 1L에 소프베리 50g을 넣고 중불에서 15분 정도 졸이면 액체 비누가 완성된다. 항균작용이 있어서 세탁이나 부엌용 비누로 이용한다.

열매는 송이 모양으로 맺힌다.

쇠뜨기

Field Horsetail, Common horsetail

뱀밥 옆에서 싹을 틔운 뒤, 힘차게 만연한다.

학명 : *Equisetum arvense*
별명 : 뱀밥, 필두엽
영명 : *Horsetail*
과명 : 속새과
원산지 : 서지중해 연안
이용부분 : 줄기, 잎, 뿌리

풍미 상큼한 향, 녹차 같은 맛
이용법 식용, 음료용, 헬스케어용
주의점 심장, 신장의 기능 부전이 있는 사람, 니코틴 과민증인 사람은 사용하지 말 것
해설 봄에 쇠뜨기의 땅밑 줄기에서 나오는 것이 뱀밥이다. 뱀밥은 산나물로 이용되지만, 쇠뜨기는 오래전부터 식물성 이뇨제로 사용되어 왔다. 비뇨기계의 감염증 외에 근래에는 꽃가루 알레르기에 대한 효능도 기대되고 있다. 아유르베다에서는 전립선 비대나 야뇨증 등에 활용되고 있다.

뱀밥은 쇠뜨기의 포자줄기이다.

수레국화

Cornflower

- **학명** : *Centaurea cyanus*
- **별명** : 콘플라워
- **과명** : 국화과
- **원산지** : 유럽 남동부
- **이용부분** : 꽃, 줄기

아름다운 파란색이 잘 바래지 않기 때문에 포푸리 같은 방향제에도 사용된다.

풍미 향과 맛이 거의 없다.

이용법 음료용, 식용, 공예용, 헬스케어용, 염색용, 관상용

주의점 특별히 알려져 있지 않다.

해설 콘플라워의 이름은 옥수수밭이나 보리밭에서도 잡초처럼 늠름하게 자란다는 것에서 유래했다. 꽃의 침출액에는 수렴작용과 소염작용이 있어서 구강 청결이나 샴푸, 화장수 등에 사용한다. 또 세안약으로 이용하면 결막염이나 눈의 피로에도 효과적이라고 알려져 있다.

수영

Common sorrel, Garden sorrel, Dock

- **학명** : *Rumex acetosa*
- **별명** : 괴승애, 시금초, 괴싱아, 산시금치, 산모
- **과명** : 마디풀과
- **원산지** : 유럽, 아시아, 북아메리카
- **이용부분** : 줄기, 잎, 뿌리

잎은 시금치처럼 한 번 데친 후에 사용한다.

풍미 독특한 신맛

이용법 식용, 헬스케어용, 염색용

주의점 다량 섭취는 피할 것. 소아, 고령자는 섭취를 피할 것. 신장 결석을 앓은 기록이 있는 경우에는 주의

해설 신맛이 강하고 줄기나 잎에 옥살산이 많이 함유되어 있어서 예전에는 은그릇의 때를 벗기는 데에 사용되었다. 뿌리를 갈아낸 것이나 잎을 짜낸 물은 피부병에 약으로도 사용된다.

스타 아니스의 꽃

스타 아니스
Star anise, Chinese star anise

학명 : *Illicium verum*
과명 : 붓순나무과
원산지 : 중국 남부, 베트남
이용부분 : 열매

풍미 아니스나 펜넬과 아주 비슷한 향이며 감초 같은 매운맛과 독특한 단맛이 있다.
이용법 식용, 약용
주의점 특별히 알려져 있지 않다.
해설 익은 열매는 고르지 않은 팔각형의 별 모양이 되어서 그 아름다움이 눈을 끈다. 중화요리에 쓰는 향신료로서 '팔각'이라는 이름 쪽이 더 친숙할 수도 있다. 구운 치킨과 궁합이 좋은 향신료이며 중국에서는 닭고기나 돼지고기 요리에 자주 사용하고, 베트남에서는 포라고 하는 수프에 사용하고 있다. 최근에는 서양 셰프들 사이에서도 인기가 있어서 생선 스튜 등에 사용하는 경우도 있다. 정유에는 아네톨이라는 성분이 함유되어 있어서 동서 의학에서는 산통이나 류머티즘 등에 처방하는 것 외에도 기침을 멎게 하는 약의 향을 내는 데에도 사용한다. 아유르베다에서는 흥분 자극작용, 구풍작용이 있다고 알려져 있다.

스타 아니스 홀

스타 아니스 파우더

스테비아
Sweetleaf

학명 : *Stevia rebaudiana Bertoni*
과명 : 국화과
원산지 : 파라과이
이용부분 : 줄기, 잎, 꽃

풍미 설탕의 200~300배의 단맛이 난다.
이용법 음료용, 요리용, 헬스케어용
주의점 다량의 섭취는 피할 것
해설 파라과이의 원주민족에게 있어서 숭배 대상이라고도 말할 수 있는 허브이다. 잎에 함유된 스테비오사이드라는 성분에는 설탕의 수백배에 달하는 단맛이 있다. 게다가 저칼로리이기 때문에 감미료로 당뇨병식이나 다이어트 건강 식품에 사용하고 있다.

여름에서 가을, 꽃을 피울 즈음에 잎을 채취한다.

작고 흰 꽃을 피운다.

스텔라 원추리

Daylily

학명 : *Hemerocallis hybrida*
과명 : 백합과
원산지 : 아시아 동부 온대지
이용부분 : 씨, 꽃, 줄기, 잎, 뿌리

풍미 강한 방향을 가지고 있다.
이용법 관상용, 식용, 약용
주의점 품종에 따라 독을 가지고 있는 것도 있으므로 식용에 주의할 것
해설 품종도 많고 키우기 쉬워서 관상용으로 많이 즐긴다. 꽃은 아침에 펴서 저녁에 지기 때문에 '데이릴리'라고 불리지만 개화 기간은 길다. 어린잎이나 꽃봉오리, 꽃은 식용으로도 이용한다. 철분이나 칼슘 등의 미네랄이 풍부하게 함유되어 있기 때문에 감기나 빈혈 예방에 효과가 있다고 알려져 있다.

길이 30cm~1m 정도의 상록 다년초.
꽃 색깔은 노란색이나 오렌지색의 난색계가 많다.

시나몬

Cinnamon

학명 : *Cinnamomum verum*
과명 : 녹나무과
원산지 : 스리랑카
이용부분 : 나무껍질

시나몬 나무

시나몬 스틱

풍미 나무처럼 미묘하면서 독특한 향이며 부드럽고 은은한 단맛

이용법 식용, 음료용, 수공예용

주의점 다량으로 섭취할 경우 구역질이나 구토를 하는 경우가 있다. 임신 중에는 사용하지 말 것. 장기간 사용은 불가능하다.

해설 15~16세기 대항해 시대 때 탐험가들이 찾은 최초의 향신료 중 하나다. 성서에도 고대 이집트에서 사용했다고 하는 기술이 있다. 인도 요리의 혼합 향신료에도 자주 사용된다. 모로코의 타진 등 양고기를 사용하는 요리에도 잘 맞고 시나몬 토스트는 물론, 과일 콩포트, 케이크 등에도 추천한다. 향미 과실주용 향신료로도 이용한다. 포푸리나 향, 옥향 등에도 사용되고 있다. 아유르베다에서는 순환기 흐름의 강화나 조절에 효과적인 허브라고 여긴다. 발한이나 거담작용이 있어 감기나 독감일 때에는 특히 효과적이다. 생약명은 '계피'이며 정신불안 증상의 완화, 부인과계의 대사부전의 개선, 진통 등에 효과적이며 감기약이나 해열진통제, 강장약, 부인약 등에 처방된다.

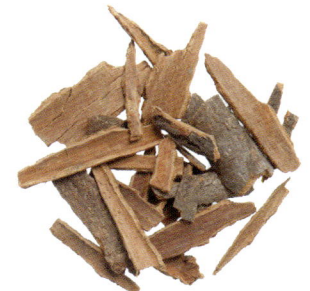

시나몬 홀

시나몬 파우더

🌿 스틱
나무줄기 가장 바깥쪽의 길고 품질이 좋은 나무껍질로 만든다. 나무껍질을 손으로 말아서 건조시킨다. 완전히 마르면 연갈색이 되며 매끄럽고 퍼석퍼석해질 때까지 매일 말아서 형태를 잡는다.

🌿 홀
스틱을 부순 것이다. 큰 스틱 안에는 홀 모양의 시나몬이 말려 들어가 있는 경우도 있다.

🌿 파우더
유사종인 카시아의 파우더와 비교하면 결이 자잘하고 색이 옅기 때문에 간단하게 구분이 간다.

🌿 생산국
최대 생산국은 스리랑카로, 인도나 브라질, 인도네시아 등에서도 만들어지고 있지만 스리랑카산이 최상품으로 여겨지고 있다.

🌿 특징과 수확
야생에서는 높이 10m 이상 되는 상록수다. 수확은 우기에 한다. 스리랑카에서는 5~6월과 10~11월에 걸쳐서 이루어진다. 나무줄기의 중심에서 나온 얇은 가지가 최상의 시나몬이 된다. 수확 후에는 스틱 상태로 잘라 그늘진 곳에서 건조시킨다.

시나몬 코코아를 만드는 방법 (1인분)

코코아, 시나몬 파우더 – 적당히
우유 – 140mL, 시나몬 스틱 – 1개

머그컵에 코코아와 시나몬 파우더를 넣고, 데운 소량의 우유를 더해서 잘 젓는다. 매끈해지면 끓기 바로 직전까지 데운 우유를 부어서 섞은 뒤 시나몬 스틱을 첨가하면 완성이다.

신선초
Ashitaba

키는 1m 전후까지 자란다.

말린 잎

학명 : *Angelica keiskei*
별명 : 명일엽, 신립초
과명 : 미나리과 당귀속
원산지 : 아열대 지방, 일본 팔장도
이용부분 : 줄기, 잎

풍미 가벼운 쓴맛이 있으며, 셀러리와 비슷한 향이 난다.
이용법 식용, 음료용
주의점 특별히 알려져 있지 않다.
해설 일본이 원산지인 키친 허브 중 하나다. "저녁에 잎을 따도 다음 날에는 싹이 나온다."라고 할 정도로 생장이 빨라서 이 이름이 붙었다. 맛에 특유의 향과 쓴맛이 있어서 덴푸라나 버터볶음 등의 뒤끝을 없애는 요리법에 어울린다. 비타민과 미네랄이 풍부하게 함유되어 있어서 변비 해결, 이뇨, 강장효과가 있다고 여겨진다. 중국에서도 명시대부터 항균작용이 있는 약으로 사용했으며 시들기 전의 뿌리는 고려인삼의 대용품으로 사용된다.

실파
spring onion, salad onion

학명 : *Allium x wakegi*
과명 : 부추과
원산지 : 서아시아~지중해 연안
이용부분 : 줄기, 잎, 뿌리

풍미 파보다 향은 강하지만 온화한 맛
이용법 식용
주의점 특별히 알려져 있지 않다.
해설 파의 한 종류이며 고명으로 이용하는 경우가 많다. 실파는 녹황색 채소로 백파의 약 6배에 달하는 카로틴이 함유되어 있는 한편 비타민C, E, K, 엽산, 식물 섬유 등도 풍부해서 면역력과 저항력 향상, 감기 예방, 혈행 촉진작용이 있다.

굵기는 파보다 조금 가늘며,
길이는 30cm 정도

쑥

Mugwort

학명 : *Artemisia indica var.maximowiczii*
과명 : 국화과
원산지 : 일본, 한국
이용부분 : 잎, 뿌리

국화잎과 닮았으며 깃털 모양으로 깊게 갈라져 있다.

잎의 뒷면은 털로 뒤덮여졌고 회백색이다.

풍미 상큼한 향이며, 쓴맛이 있다.

이용법 음료용, 식용, 약용, 헬스케어용

주의점 다량으로 먹으면 독성이 있어서 경련을 일으키는 경우도 있다. 임신 중, 급성 장염, 충수염에는 사용하지 말 것

해설 한국과 일본 전국에 자생하는 다년초다. 독특한 향 때문에 한국의 쑥떡이나 일본의 덴푸라로 즐기는 것 외에 쑥술, 쑥목욕, 찜질 등의 외용약으로 오래전부터 익숙하게 이용했다. 한방에서는 '애엽(艾葉)'이라는 생약명으로 불리며, 지혈작용과 냉에 의한 복통, 유산 예방에 효과적이라 여긴다. 위를 튼튼히 하고 설사를 멈추며 빈혈이나 냉한 체질의 개선 등이 있기 때문에 달여서 음용해 왔다. 아유르베다에서는 하복부를 따뜻하게 하고 자궁을 강하게 한다고 하며, 월경을 규칙적으로 만들어 주고 두통을 진정시키는 데에 사용한다.

건조시킨 쑥의 잎

허브 활용법 ❺ - 쑥

1 후치바 쥬시

재료(2인분)

쑥 – 50~60g(실제량), 쌀 – 1컵, 돼지삼겹살 덩어리 – 100g
맛국물(돼지고기를 삶은 물과 합친 것) – 3컵
소금 – 작은 숟갈로 2~2½술, 간장 – 큰 숟갈로 1술
샐러드유 – 큰 숟갈로 1술

만드는 방법

1. 쌀은 30분~1시간 전에 씻고 소쿠리에 올려서 수분을 빼 둔다.
2. 쑥은 잎을 떼서 물속에서 비벼서 씻는다. 돼지고기는 삶아서 직사각형 모양으로 자른다.
3. 냄비에 쌀과 맛국물, 돼지고기, 쑥, 소금, 간장, 샐러드유를 넣고 섞은 뒤 센 불에 올린다.
4. 끓으면 거품을 걷어 내고, 약불에서 뒤섞이지 않도록 졸인다. 농도가 나기 시작하면 불을 끈다.
5. 접시에 담고 쑥을 장식한다.

2 쑥 드링크

재료(2인분)

쑥잎(생) – 20g, 물 – 1/2컵
밥 – 큰 숟갈로 1술, 물 – 2컵, 흑설탕 – 큰 숟갈로 1술

만드는 방법

1. 깨끗하게 씻은 쑥을 데치고 물(1/2컵)과 함께 믹서에 돌린다.
2. 밥을 물로 씻은 뒤 물(2컵)과 함께 믹서에 돌린다.
3. 냄비에 2와 흑설탕을 넣고 불에 올린 뒤 걸쭉해질 때까지 잘 섞으면서 졸인다.
4. 3에 1을 넣고, 잘 섞이면 유리컵에 붓는다.

아니스
Anise

작은 하얀 꽃과 밝은 녹색의 깃털 같은 잎이 특징

학명 : *Pimpinella anisum*
별명 : 아니시드
과명 : 미나리과
원산지 : 중근동, 동지중해 지방
이용부분 : 씨

- **풍미** 향과 맛에 다소 단맛이 있으며 감초와 비슷하다.
- **이용법** 식용, 약용
- **주의점** 특별히 알려져 있지 않다.
- **해설** 강한 방향과 단맛을 가진 향신료로 케이크나 비스킷의 맛을 내는 데에도 사용된다. 소화를 돕는 작용이 있어서 소화약으로 사용하거나 가래와 기침을 멎게 하는 알약과 쓴 약을 코팅하는 등의 재료로도 사용하고 있다. 인도의 러크나우라는 지역에서는 소화 촉진과 구취 예방을 위해 회향과 함께 식후에 씨를 입에 머금는 관습이 있어서 러크나우 소스라고도 불리고 있다.

아니스의 씨

아니스 히솝
Anise hyssop / Giant hyssop

학명 : *Agastache foeniculum*
별명 : 서양방아
과명 : 꿀풀과
원산지 : 북아메리카
이용부분 : 꽃, 줄기, 잎

- **풍미** 은은하게 달며 산뜻하다.
- **이용법** 음료용, 약용, 식용, 공예용
- **주의점** 특별히 알려져 있지 않다.
- **해설** 꿀이 많은 꽃이 이삭 같은 모양으로 피기 때문에 밀원식물로도 이용한다. 아메리카 원주민들은 기침약으로 사용했었다. 위를 튼튼히 하는 효과와 감기의 완화, 피로 회복효과도 있다고 한다. 상큼한 뒷맛을 살려 샐러드의 맛을 내는 데에도 사용한다.

꽃은 보라색이 기본이지만 흰색종도 있다.
원예 품종의 아가스타체와 틀리지 않도록 주의하자.

아라비카 커피
Arabian coffee

학명 : *Coffea arabica*
별명 : 아라비안 커피
과명 : 꼭두서니과
원산지 : 중남아프리카
이용부분 : 씨

열매는 9개월 정도에 걸쳐 익으면 빨갛게 된다.

주요 산지는 열대에서 아열대 지방이다.

풍미 은은하게 달고 담백하다
이용법 음료용, 헬스케어용
주의점 대량 섭취는 피할 것. 소화성궤양과 녹내장에는 사용하지 말 것
해설 빨갛게 익은 커피 열매에서 과육이나 껍질 등을 제거한 씨만이 커피콩이 된다. 커피콩에는 알칼로이드의 카페인, 펜토산, 지방유 등이 함유되어 있는데, 그중 카페인은 졸음을 깨우는 등의 흥분작용, 이뇨작용, 에너지 촉진작용이 있다고 알려져 있다. 또 폴리페놀도 함유되어 있기 때문에 노화 방지효과 등을 기대할 수 있다.

커피의 생산국은 약 60개국이 있으며, 풍미도 다양하다.

아르니카
Arnica

학명 : *Arnica montana*
별명 : *mountain tobacco, leopard's bane, wolf's bane*
과명 : 국화과
원산지 : 유럽
이용부분 : 꽃, 뿌리

풍미 은은하게 시큼한 향
이용법 약용, 스킨케어용, 음료용
주의점 임신 중에는 피할 것. 외상이 있는 경우에는 사용하지 않는다.
해설 유럽 중부나 남부, 중앙아시아나 아메리카의 산악 지대나 초원 등에서 자주 보이는 식물이다. 오래전부터 타박상이나 염좌 등의 상처에 잘 듣는 약초로 여겨 민간 약으로 친숙했다. 정맥염, 관절염, 류머티즘, 벌레 쏘임 등에도 이용했지만 독성이 있기 때문에 상처 부위가 열려 있을 경우에는 쓰지 말고 내복하지 않아야 한다.

아마씨
Flaxseed, Linseed

학명 : *Linum usitatissimum*
별명 : 아마자, 아마인
과명 : 아마과
원산지 : 중앙아시아
이용부분 : 씨

아마꽃

건조시킨 아마씨

풍미 향은 없고, 희미한 단맛이 있다.
이용법 음료용, 식용, 약용, 헬스케어용
주의점 종자에는 청산이 미량 함유되어 있기 때문에 다용은 피할 것. 충분한 물과 함께 섭취할 것. 위장 장애가 있을 경우에는 사용하지 말 것
해설 기원전부터 재배되었던 식물이다. 종자에는 식물 섬유가 많이 함유되어 있어서 장내 환경을 조절하는 작용이 있으며 완하작용(장운동을 촉진시켜 배변을 쉽게 하는 일)이나 항염증작용이 있다고 알려져 있다. 여성호르몬과 비슷한 작용을 하는 폴리페놀인 리그난도 풍부하다. 종자를 압착해서 얻은 기름에는 α-리놀렌산이 매우 많고 알레르기 대책이나 면역력 향상에 효과가 있다고 한다. 아마의 줄기에서 채취한 섬유로 만든 고품질의 천은 리넨이나 린네르라고 불리고 있다.

아몬드
Almond

학명 : *Prunus dulcis*
과명 : 장미과
원산지 : 인도 서부~이란, 서아시아
이용부분 : 씨

껍질이 붙어 있는 아몬드

풍미 쓴 것과 단 것이 있다.
이용법 식용, 헬스케어용
주의점 편도(감복숭아)는 대량으로 섭취하지 말 것
해설 아몬드의 종자에는 씹으면 쓴맛이 나는 고편도와 단맛이 나는 감편도가 있다. 겉모습은 같지만 일반적으로 아몬드로서 먹고 있는 것은 감편도이다. 비타민E와 폴리페놀이 풍부하며, 항산화작용이 있어서 안티에이징 식재료로 주목받고 있다.

벚꽃과 매우 닮은 아몬드의 꽃

아요완

Ajowan

아요완의 씨

아요완꽃

학명 : *Trachyspermum ammi*
별명 : *Ajwain, carom*
과명 : 미나리과
원산지 : 남인도, 북아프리카, 북아시아
이용부분 : 씨

- **풍미** 타임(thyme)과 비슷한 향이며 매운맛과 쓴맛이 있다.
- **이용법** 식용, 약용
- **주의점** 위산 과다인 경우에는 사용을 피할 것
- **해설** 겉모습은 파슬리와 비슷하고, 향은 타임과 닮았지만 식물학상에서는 캐러웨이나 커민과 한 무리다. 정유 성분인 티몰에는 방부제, 살균효과가 있어서 구강 청결제, 치약에 사용하고 있다. 아유르베다에서는 신장의 기능을 높이고 신경을 활성화하며 호흡기나 소화기의 울혈을 제거하는 강한 작용이 있다고 여기고 있다. 소화 불량이나 설사, 천식 등에도 사용한다. 인도나 아프리카, 중동 지역을 중심으로 이용되고 있는 향신료다.

파라타(인도의 빵)

아위

Assafoetida

아위 파우더

아위의 알갱이

학명 : *Ferula asafoetida*
과명 : 미나리과
원산지 : 서남아시아, 북아프리카
이용부분 : 줄기, 뿌리

- **풍미** 강한 악취가 있고 쓴맛과 매운맛이 혼합되어 있다.
- **이용법** 식용, 약용
- **주의점** 고열, 위산 과다, 부스럼, 두드러기 같은 증상이 있는 경우나 임신 중에는 사용을 삼갈 것
- **해설** 서양과 남인도에서는 콩이나 채소 요리, 피클, 소스 등에 사용하는 향신료다. 성분에 유황 화합물이 포함되어 있고 마늘 피클을 연상시키는 강한 악취가 있기 때문에 '악마의 똥'이라고도 불리고 있다. 마늘과 비슷한 특성이 있고 인도 요리에서는 기름에 향을 더해 주는 스타터 스파이스로 사용된다. 경련을 억제하는 작용이 있다고 하여 아유르베다에서는 복부 당김과 기관지염 등에 처방하고 있다. 이름의 유래는 페르시아어로 나뭇진을 의미하는 '아자'와 라틴어로 '냄새 난다'는 뜻의 'Foetida'가 있다.

아이슬란드 이끼
Iceland moss

옅은 갈색이지만 전체적으로는 회색처럼 보인다.

학명 : *Cetraria islandica*
과명 : 매화나무이끼과
원산지 : 북반구 한대 및 고산 지대
이용부분 : 잎

풍미 비리고 강한 쓴맛이 있다.
이용법 식용, 약용
주의점 위, 십이지장궤양이 있는 경우에는 사용하지 말 것
해설 핀란드나 노르웨이 등의 북유럽에서는 오래전부터 식재나 자연약으로 친숙한 지의류다. 이끼류와 혼동하기 쉽지만 지의류는 균류와 한 무리이며 반드시 조류와 공생하는 특징을 가지고 있다. 강력한 항균작용과 면역을 향상시키는 힘이 있어서 구강 점막의 염증, 마른 기침, 천식, 상기도염, 병 이후의 체력 회복 등에도 사용한다.

말린 잎

아카시아
Catechu tree, Acacia catechu, Mimosa catechu

학명 : *acacia catechu*
과명 : 콩과
원산지 : 인도 동부, 미얀마, 태국
이용부분 : 수목

풍미 매우 쓰다.
이용법 약용, 염색용, 목재용, 공예용
주의점 특별히 알려져 있지 않다.
해설 콩과인 수목의 심재(나무의 적갈색 중심부)를 달인 것을 이용한다. 타닌이 주성분으로 쓴맛이 강하고, 건위제나 지사제로 사용해 왔다. '아선약'이라는 생약으로 사용한다. 이 나무에서 딴 아선약은 페그 아선약이라 부르며, 감비르(꼭두서니과의 덩굴성 관목)에서 딴 것은 감비르 아선약이라고 부른다. 아선약은 예전부터 복통약으로 이용되었고, 정로환(위장약), 은단(구강 청량제)에도 사용되고 있다. 아유르베다에서는 구내염이나 치은염에 사용한다고 알려져 있다.

아선약은 감비르에서 딴 것들이 많이 사용되고 있다.

아티초크
Artichoke, Globe artichoke

학명 : *Cynara scolymus*
과명 : 국화과
원산지 : 지중해 연안
이용부분 : 꽃, 줄기, 잎, 뿌리

아티초크의 말린 잎

- **풍미** 쌉쓰레하다.
- **이용법** 식용, 음료용, 공예용, 염색용, 관상용
- **주의점** 임신 중, 수유 중에는 사용을 피할 것
- **해설** 적자색이며 직경 15cm 정도의 동그란 모양의 꽃을 피운다. 이탈리아나 프랑스에서는 꽃이 개화하기 직전에 봉오리째로 데쳐서 두껍고 비늘 모양인 꽃받침과 알맹이 부분을 먹는다. 소화 불량이나 식욕 부진의 개선, 고콜레스테롤 혈증 같은 생활 습관병의 예방에도 활용한다. 잎에는 간장 해독작용이 있는 사이나린이 포함되어 숙취를 막는 약초차로도 이용한다. 아티초크는 베트남에서 굉장히 대중적이며, 잎뿐만이 아니라 줄기나 뿌리도 차로 사용한다. 생으로 건조시킨 것도 좋다. 유사종인 카르둔은 주로 연백화한 줄기를 식용으로 한다. 매우 닮았지만 카르둔에는 가시가 있어서 구분은 간단하다.

개화 전의 꽃봉오리를 먹는다.

생장하면 2m까지 자란다.

단면

데치는 방법

거꾸로 뒤집어서 소금물에 30분 정도 담근 뒤, 때를 벗겨 둔다. 뜨거운 물을 가득 끓여서 레몬(또는 식초)과 소금을 첨가한 후, 알맹이 부분에 이쑤시개가 쑥 들어갈 정도가 될 때까지 30분 정도 약불로 데친다. 윗부분을 잘라 내고 중앙에 있는 꽃 부분을 제거하여 좋은 크기로 슬라이스해서 접시에 담고, 취향에 맞는 소스로 찍어 먹는다. 막 데친 죽순 같은 풍미가 있다.

안약나무(메구스리노키)
Nikko maple

학명 : *Acer nikoense*
과명 : 단풍나무과
원산지 : 일본
이용부분 : 나무껍질, 가지, 잎

풍미 장작을 팬 것 같은 향. 쓴맛이 있지만 우려내면 사라진다.
이용법 음료용, 약용
주의점 특별히 알려져 있지 않다.
해설 일본에 자생하는 단풍나무속의 낙엽고목이다. 한방에서는 눈 치료를 할 때에는 간장을 강화하는 처방을 행하는데 이 메구스리노키의 수피 성분에는 간 기능을 활성화하는 작용이 있다고 알려져 있다. 그래서 눈의 피로, 눈 침침함, 녹내장, 백내장 예방 등에 사용한다.

> **일본 특산인 메구스리노키**
> 메구스리노키는 일본이 원산지인 고유종이다. 후쿠시마현 소마 지방의 산에는 많이 자생하고 있어서 옛날부터 잎을 달여서 복용하거나 세안을 해서 눈병 예방이나 시력 회복에 사용했었다.

세잎 단풍나무와 비교해서 잎은 두껍고, 갈라짐은 작다.

안젤리카
Angelica

학명 : *Angelica archangelica*
별명 : 엔젤스 푸드
과명 : 미나리과
원산지 : 북유럽, 동남아시아
이용부분 : 꽃, 줄기, 잎, 뿌리

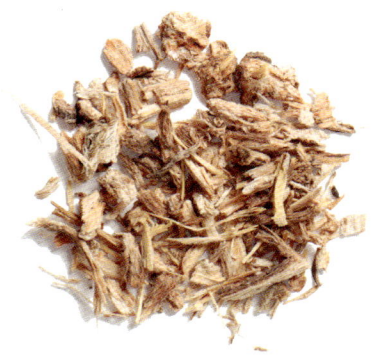

뿌리는 대충대충
잘게 썰어서 건조한다.

`풍미` 셀러리와 비슷한 풋내 나는 향
`이용법` 식용, 약용, 향료용
`주의점` 임신 중에는 피할 것. 당뇨병이 있는 사람은 사용하지 말 것
`해설` 안젤리카의 이름은 엔젤(천사)이 유래이며 아픈 사람들을 돕는 허브로서 귀중하게 여겨졌다. 한방에서는 생약인 '당귀'가 주로 갱년기 장애, 월경 전 증후군(PMS) 등의 부인병에 사용되는 것에 반해 안젤리카는 소화 불량이나 식욕 부진을 개선하는 허브로 사용된다. 유럽에서는 뿌리줄기를 진정 및 진통제, 불면증 치료약으로 사용해 왔다. 구풍, 발한, 이뇨, 완화, 소화 촉진, 식욕 증진 등의 작용이 있다고 한다. 아유르베다에서는 자궁에 영양분을 주고 월경주기를 조절하는 여성에게 있어서 가장 좋은 강장제라고 알려져 있다. 리큐어의 중요한 향료 중 하나이기도 하다. 제과 재료인 안젤리카는 안젤리카의 줄기를 설탕조림으로 만든 것인데, 일본에서는 머위로 대체된 경우가 많다.

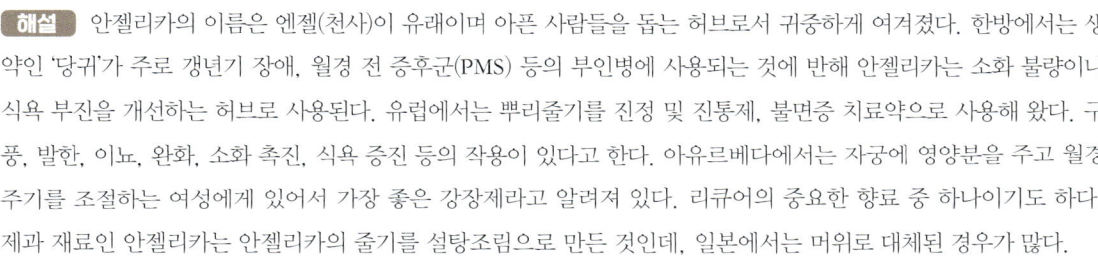

모이스트 포푸리로도 즐길 수 있다.

알라타 꽃담배

Flowering Tobacco, Jasmine Tobacco

학명 : *Nicotiana alata*
과명 : 가지과
원산지 : 미국, 폴리네시아, 오스트레일리아의 아열대
이용부분 : 씨, 꽃, 잎

`풍미` 흰 꽃에는 재스민 같은 향이 있다.
`이용법` 관상용, 원예용
`주의점` 특별히 알려져 있지 않다.
`해설` 잎담배의 원료가 되는 니코티아나의 뿌리와 잎에는 니코틴이라는 알칼로이드가 함유되어 있어 신경독으로 작용한다. 처음 담배를 필 때 어질어질한 것은 모세 혈관의 수축작용 등이 일어나기 때문이다. 흡연을 하면 도파민이나 아드레날린 등의 흥분, 각성작용이 증가한다고 알려져 있다.

꽃은 대롱 모양이며 끝이 펴지면서 별 모양이 된다.

알로에 베라

Aloe

학명 : *Aloe barbaydensis*
과명 : 백합과
원산지 : 아라비아반도 남부, 북아프리카, 카타리나 제도 또는 아메리카
이용부분 : 잎

액즙은 건성 피부의 케어에 효과적

`풍미` 나무 알로에에 비하면 쓴맛이 없고 담백하다.
`이용법` 식용, 약용, 보습제 등의 스킨케어용
`주의점` 임신 중, 과민성 장 증후군, 내치핵, 맹장염, 신장질환이 있는 사람은 피할 것. 장기간 다량 섭취는 피할 것
`해설` 인도나 아프리카에 자생하고 있는 다육식물이다. 잎에는 젤리 상태의 무코다당류가 풍부해서 상처나 화상에 사용했다. 식재료로도 통용되고 있지만 자극이 강하기 때문에 사용량에는 주의가 필요하다. 비타민과 미네랄이 풍부하며 항염증작용이 있어서 화장품이나 헬스케어에도 사용되고 있다. 아유르베다에서는 몸을 진정시키는 허브로 알려져 있다. 화상 치료에 사용할 때에는 아래쪽 잎을 줄기에 가까운 부분에서 떼어낸 뒤 잎의 양쪽에 있는 가시를 나이프로 제거한 후, 두 쪽으로 갈라서 칼끝으로 젤리 부분을 떠서 국소에 직접 찜질한다.

길이는 60~90cm로 크고 두꺼운 잎이 특징

알칸나
Alkanet

전체에 자잘한 털이 있어서 만지면 따끔따끔하다.

학명 : *Alkanna tinctoria*
과명 : 지치과
원산지 : 유럽
이용부분 : 꽃, 줄기, 뿌리

`풍미` 머스크와 비슷한 단 향
`이용법` 염색용, 방향용, 관상용
`주의점` 뿌리에 독성이 있는 것도 있기 때문에 식용, 약용으로는 사용하지 않는다.
`해설` 초여름에 작은 청자색의 꽃을 피우며 잎에서는 단 향이 나기 때문에 포푸리로 사용한다. 뿌리의 껍질에서는 적색이나 회녹색의 염료를 딸 수 있지만 수용성이 아니고 색도 좋지 않기 때문에 현재는 그다지 사용하지 않는다. 최근에는 간장에 유해한 물질이 함유되어 있다는 것이 알려져 식용으로는 금지되어 있다.

암라
Indian gooseberry

암라의 열매를 건조시킨 것

학명 : *Phyllanthus emblica*
별명 : 아말라키, 아마륵
과명 : 대극과
원산지 : 인도~동남아시아
이용부분 : 열매, 씨, 꽃, 줄기, 잎, 뿌리

`풍미` 강렬한 신맛 속에 떫은맛과 쓴맛이 있다.
`이용법` 식용, 약용, 헬스케어용
`주의점` 특별히 알려져 있지 않다.
`해설` 오래전부터 인도에서 재배되었고 스리랑카, 인도네시아, 중국, 태국 등으로 퍼졌다. 신맛이 나며 타닌에 의한 떫은맛이 강하다. 폴리페놀, 비타민C, 펙틴이 풍부해서 열매가 자주 사용된다. 아유르베다에서는 다양한 증상에 사용되며 염증, 눈병, 천식, 변비, 빈혈 등에 효과적이라 여긴다.

암라의 열매는 3~4cm의 구 모양이나 달걀 모양이다.

야생 참마
Wild Yam

학명 : *Dioscorea villosa*
과명 : 마과
원산지 : 멕시코
이용부분 : 뿌리줄기

마과 특유의 하트 모양의 잎을 피운다.

풍미 냄새는 거의 없으며, 약간 쓴맛이 있다.
이용법 식용, 약용, 음료용
주의점 특별히 알려져 있지 않다.
해설 멕시코가 원산지인 야생의 참마다. 항산화 물질인 사포닌이 많이 함유되어 있어서 콜레스테롤 제거나 혈중 지질의 감소, 동맥경화 예방, 지방대사를 개선하는 작용을 기대할 수 있다. 게다가 양질의 전분질과 칼슘, 철분, 인 등의 미네랄이나 비타민류도 풍부해서 피로 회복, 암, 당뇨병 예방 등에도 효과가 있다고 알려져 있다. 아유르베다에서는 회춘작용이 있는 강장제로 알려져 있다. 한방에서는 유사종인 참마를 '산약'이라고 부르며 위장의 기능을 높이고 설사를 멈추며 호흡기계의 질환이나 당뇨병을 개선하기 위해 처방한다.

여성을 위한 케어와 허브
야생 참마에 함유된 디오스게닌이라는 성분이 에스트로겐(여성호르몬)에 작용하여 호르몬 밸런스를 유지하는 작용이 있는 것이 알려져 갱년기 장애나 월경전 증후군(PMS)에 대한 개선효과가 기대되고 있다. 그 때문에 와일드 얌을 포함한 건강 보조 식품이나 건강 식품 등도 많이 유통되고 있다.

약모밀
Dokudami, Doku-dami

학명 : *Houttuynia cordata*
별명 : 어성초
과명 : 삼백초과
원산지 : 일본, 중국, 동남아시아
이용부분 : 꽃, 줄기, 잎

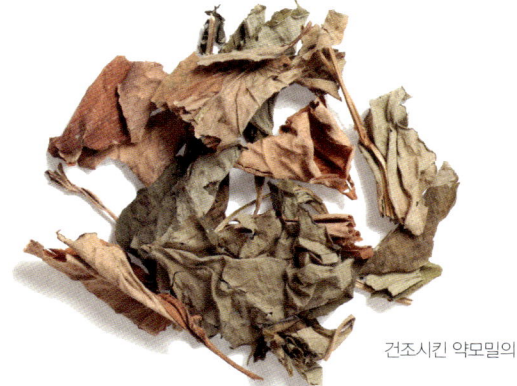

건조시킨 약모밀의 잎

풍미 독특한 냄새, 감칠맛과 단맛이 있다.
이용법 음료용, 식용, 헬스케어용, 원예용
주의점 특별히 알려져 있지 않다.
해설 일본에서는 독을 억제한다는 의미의 도쿠다미차로 오래전부터 사용해 왔고, 베트남에서는 월남쌈이나 샐러드 등 요리에 빼놓을 수 없는 향초이다. 한국에서는 잎과 줄기에서 고기 비린내와 같은 냄새가 난다고 하여 어성초라고 하기도 한다. 변비, 방광염, 해열, 해독, 항균, 정장, 고혈압 예방 외에 습진, 화상, 피부염 등의 외상약으로도 사용된다.

양귀비
Opium poppy

학명 : *Papaver somnifeurm*
과명 : 양귀비과
원산지 : 동지중해 지방~중앙아시아
이용부분 : 씨

양귀비의 씨

풍미   볶으면 견과류와 비슷한 방향이 난다.
이용법   식용
주의점   특별히 알려져 있지 않다.
해설   유럽이나 중근동에서는 빵이나 케이크에 뿌리거나, 설탕이나 벌꿀과 반죽한 페이스트를 소로 만든 과자 등에 사용한다. 인도에서는 다른 향신료와 함께 으깨서 고기나 생선 요리용 소스의 걸쭉함을 내는 데에 사용하고 있다. 풍미를 북돋우기 위해서는 고소하게 볶은 뒤에 사용하는 것이 좋다. 덜 익은 깍지에서 얻은 수지가 아편이며, 그것을 정제한 것이 모르핀이다. 아유르베다에서는 수렴작용, 구풍작용, 진정작용이 있다고 알려져 있다. 근래에는 마약법으로 단속하는 습관성 의약품으로 지정하여 재배를 규제하고 있다.

양귀비의 꽃

양파
Onion

학명 : *Allium cepa*
과명 : 백합과
원산지 : 아시아
이용부분 : 잎, 비늘줄기

양파 파우더.
구운 양파를 가루 상태로 만든 것이다.
고소하고 강한 단맛이 난다.

풍미   특유의 자극적인 냄새가 있으며, 매운맛과 약간의 단맛이 있다.
이용법   식용, 약용
주의점   특별히 알려져 있지 않다.
해설   기원전부터 재배했다고 하며 이집트 피라미드 건설에 종사했던 노동자가 먹고 힘을 북돋았다고 하는 채소다. 감칠맛이 가득해서 향신료로도 사용한다. 양파를 가열해서 매운맛이 약해졌을 때 숨어 있던 단맛이 올라온다. 가열하면 수분이 날아가기 때문에 더욱 달게 느껴진다. 생양파를 자르면 발생하는 자극적인 냄새는 황화알릴이라는 성분으로 매운맛의 원료이기도 하다. 이 성분에는 발한, 이뇨, 흥분작용이 있기 때문에 초기 감기에 효과가 있다고 알려져 있다. 또 소화액 분비를 촉진해서 식욕 증진을 돕는 역할도 있다.

얼룩조릿대
kuma Bamboo Grass

학명 : *Sasa veitchii*
과명 : 벼과
원산지 : 일본
이용부분 : 잎

말린 잎

풍미 산뜻한 향, 담백한 맛
이용법 음료용, 약용
주의점 특별히 알려져 있지 않다.
해설 일본이 특산품인 조릿대로 일본어로는 쿠마자사(隈笹)라고 한다. 잎의 테두리가 하얗고 그라데이션이 되어 있는 것에서 유래했다. 뛰어난 항균작용이 있기 때문에 옛날부터 초밥이나 찹쌀떡을 만들 때 사용했다. 비타민K도 많이 함유되어 있어 잇몸병이나 구내염, 구취 예방에도 좋다고 알려져 있다. 비타민, 미네랄 등의 영양밸런스가 좋기 때문에 한방에서는 만병을 격퇴하는 약초로 취급하고 있다.

엘더 플라워
Elder flower

학명 : *Sambucus nigra*
과명 : 인동과
원산지 : 유럽, 북아프리카, 서아시아
이용부분 : 꽃

엘더 플라워를 말린 것

풍미 머스캣과 같은 단 향이 나지만 맛은 조금 자극적인 맛이다.
이용법 약용, 음료용, 헬스케어용, 식용, 염색용
주의점 특별히 알려져 있지 않다.
해설 유럽에서는 만능 약상자라 부르며 봄에 피는 꽃을 코디얼이라고 불리는 주스로 만들어서 오래전부터 이용해 왔다. 플라보노이드가 풍부하게 함유된 대표 허브이며 발한, 이뇨작용을 가졌기 때문에 감기나 독감에 효과가 있다고 한다. 최근에는 꽃가루 알레르기에도 효과가 있다고 하여 허브티나 팅크제 등으로 인기가 있다.

봄에서 초여름 사이에 작은 크림색의 꽃을 주렁주렁 피운다.

여주
Bitter melon

학명 : *Momordica charantia*
과명 : 박과
원산지 : 열대 아시아
이용부분 : 씨, 열매, 열매껍질

덩굴성의 일년성 초본.
성장하면 높이가 4~5m 정도 된다.

`풍미` 과육과 과피에는 강렬한 쓴맛이 있다. 단, 익으면 쓴맛은 사라진다.
`이용법` 식용, 원예용, 음료용, 헬스케어용, 약용
`주의점` 특별히 알려져 있지 않다.
`해설` 주로 덜 익은 초록색 과피를 식용으로 하며 독특한 쓴맛이 더위를 먹었을 때에 잘 듣는 건강 채소, 다이어트 식품으로 전국에서 재배되게 되었다. 쓴맛 성분인 모모르디신에는 혈당치를 억제하는 작용이 있어서 당뇨병 예방에 효과가 있다고 알려져 있다. 또 해열이나 이뇨작용, 구충작용이 있다. 종자유는 중국에서는 피임약, 서인도 지방에서는 외상의 치료 촉진에 사용되고 있다.

연꽃
Lotus

학명 : *Nelumbo nucifera*
과명 : 수련과
원산지 : 인도
이용부분 : 잎, 꽃, 뿌리, 씨

연꽃 열매

연꽃의 꽃은 '연화(蓮華)'라고 한다.

`풍미` 상쾌한 향과 은은한 단맛이 있다.
`이용법` 식용, 음료용, 약용
`주의점` 변비와 위 팽창에는 사용하지 말 것, 소화 불량인 사람은 피할 것
`해설` 중국에서는 연꽃의 잎을 '하엽(荷葉)'이라고 부르며 양귀비 시대부터 미용 다이어트를 위한 건강차로 마셔 왔다. 혈중 콜레스테롤을 줄이며 지방이나 노폐물을 배출한다고 알려져 있다. 씨는 '연육'이나 '연실'이라고 불리는 생약으로 몸을 따뜻하게 하고 활력을 높임과 동시에 정기를 모으는 작용이 있어서 진정, 자양 강장과 설사를 멈추고 위를 튼튼하게 하기 위해 처방된다. 아유르베다에서는 씨에는 강장작용과 회춘효과가 있고 뿌리에는 수렴작용이 있어서 설사와 치질에 효과적이라고 여긴다.

영지버섯
Reishi Mushroom

학명 : *Ganoderma lucidum*
과명 : 불로초과
원산지 : 북반구의 온대지
이용부분 : 자실체(버섯)

영지를 슬라이스한 것은 물에서 천천히 우려내면 좋다.

- **풍미** 향은 거의 없으며, 꽤 쓰다.
- **이용법** 음료용, 약용, 염색용
- **주의점** 임신 중, 수유 중에는 피할 것. 저혈압, 혈소판 감소증인 사람은 주의할 것
- **해설** 매화나 복숭아 등 낙엽목의 시든 뿌리에 자생하는 버섯이다. 오래전부터 장수의 상징으로 귀하게 여겨져 왔다. 자양강장작용 외에 고혈압, 뇌졸중, 지질 이상증, 암 등의 치료와 진통작용도 인정되어 만성 기관지염이나 관절염, 위궤양에도 사용된다. 한방에서는 활동 에너지를 보충하여 피의 순환을 조절하고, 내장을 강화하는 생약으로 여기고 있다.

오레가노
Oregano

학명 : *Origanum vulgare*
과명 : 꿀풀과
원산지 : 유럽
이용부분 : 잎

프레시 오레가노

말린 잎

- **풍미** 쌉쓰레한 청량감이 있다.
- **이용법** 식용, 음료용, 원예용
- **주의점** 특별히 알려져 있지 않다.
- **해설** 학명인 Origanum은 그리스어로 '산의 기쁨'을 의미한다. 울창한 초록 잎과 좋은 향기를 내는 핑크색 꽃이 아름답다. 오레가노는 생잎보다도 말린 쪽이 향이 강하다. 토마토나 치즈와 궁합이 좋아서 주로 이탈리아 요리, 멕시코 요리 등에 사용되고 있다. 흔히 '피자 스파이스'라고 불리는 것은 오레가노가 주성분인 경우가 많다. 오레가노 허브티는 위장이나 호흡기계의 불량에 효과적이어서 식후에 마시면 소화를 돕는다고 알려져 있으며, 두통을 진정시키는 작용도 있다.

달걀형의 잎은 좌우 대칭으로 핀다.

오렌지 플라워
Orange flower

학명 : *Citrus aurantium*
별명 : 비터 오렌지
과명 : 밀감과
원산지 : 중국
이용부분 : 꽃

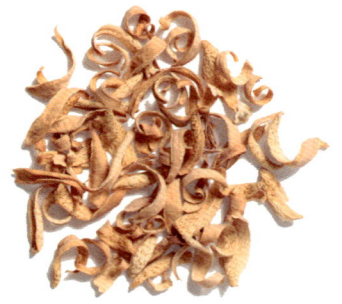
오렌지 플라워

풍미 단 꽃향기, 약간의 쓴맛
이용법 약용, 음료용, 방향용, 화장품 원료용
주의점 특별히 알려져 있지 않다.
해설 오렌지 꽃봉오리를 건조시킨 것은 좋은 풍미의 향과 약간의 쓴맛을 가지고 있다. 오렌지 플라워에는 긴장을 완화시키거나 진정시키는 작용이 있어서 심인성 불면증이나 정신 안정 등에 효과적이며 어른뿐 아니라 아이에게도 허브티로 처방된다. 또 소화기계기능의 불량에도 효과적이라고 알려져 있다. 증류해서 얻은 정유는 등화유라고 부르며, 아로마 테라피에서 자주 쓰인다.

주위 부근에 꽃향기가 감돈다.

오렌지 필
Orange peel

학명 : *Citrus sinensis*
과명 : 운향과
원산지 : 중국
이용부분 : 과피

다 익은 귤껍질을 조각내서 인공적으로 건조시킨 것

풍미 새콤달콤하고, 약간 떫은맛이 있다.
이용법 음료용, 식용, 약용, 헬스케어용
주의점 특별히 알려져 있지 않다.
해설 다 익은 스위트오렌지 열매의 껍질을 채취한 뒤 건조시켜서 허브티로 사용한다. 뛰어난 진정효과가 있기 때문에 스트레스 해소나 불면증 등에 추천한다. 소화 촉진과 장을 바로잡는 작용, 위를 튼튼히 하는 작용, 이뇨작용도 있다. 비터 오렌지의 껍질을 사용하는 경우도 있다.

정원수로도 친숙하다.

진피

오렌지 필 파우더

> **감귤류의 약효**
> 생약에서는 말린 온주 밀감의 껍질을 진피(陳皮), 밀감 및 유사종의 껍질을 귤피(橘皮)라고 부른다. 둘 다 위를 튼튼히 하고 땀이 나게 하며, 기침을 멈추게 하는 등의 효과가 있어서 한방약에 많이 배합되고 있다. 아유르베다에서는 건성 체질인 사람이 거담제로 이용한다.

옥수수
Corn

학명 : *Zea mays*
과명 : 벼과
원산지 : 중남미
이용부분 : 씨, 암술대(수염)

- 풍미 : 고소한 향이며 은은하게 달다.
- 이용법 : 음료용, 약용, 헬스케어용
- 주의점 : 특별히 알려져 있지 않다.
- 해설 : 옥수수는 몇천 년 전부터 중남미 산악 지대에서 재배되었으며 식용으로 여겨져 왔다. 옥수수의 씨를 건조시켜서 볶아 차로 만든 옥수수차는 이뇨작용이 높고, 신장의 기능이나 부종 개선 등에 효과가 있다고 알려져 있다. 무타닌, 고철분이기 때문에 빈혈 방지도 되며 임신 중에도 마실 수 있다. 암술대(수염)는 남만모(南蠻毛)라고 불리는 한방약으로 혈압을 내릴 뿐 아니라 신장병과 담염에도 효험이 있다고 알려져 있다.

암꽃의 긴 수염 모양의 암술대를 채취해서 건조시키면 생약이 된다.

알 숫자와 수염의 숫자는 같다.

올리브
Olive

학명 : *Olea europaea*
과명 : 물푸레나무과
원산지 : 서지중해 연안
이용부분 : 열매, 줄기, 잎

- 풍미 : 향은 거의 없고 약간의 쓴맛과 떫은맛이 있다.
- 이용법 : 식용, 음료용, 헬스케어용
- 주의점 : 특별히 알려져 있지 않다.
- 해설 : 지중해 연안 지방이 원산지인 높이 10m나 되는 상록고목으로 기원전 3000년에 이미 재배되었다. 올리브의 가지는 평화의 상징으로 여겨져 왔다. 올리브의 열매를 저온에서 압착한 올리브 오일은 식욕을 돋우는 향을 가졌고 감칠맛이 있는데 담백해서 위에도 자극이 크지 않다. 영양분이 풍부하고 혈액 속 지방의 밸런스를 개선하는 효과가 있다. 고혈압, 동맥경화, 당뇨병 등의 생활 습관병 예방을 위한 식물 기름으로 알려져 있다.

올리브 열매

말린 잎

🌿 올리브의 열매를 사용한다

피클용으로는 초록색의 덜 익은 열매를 사용하고 채유 등에는 늦가을에 익은 열매를 수확해서 사용한다.

🌿 올리브의 잎을 사용한다

올리브가 개화하기 전의 어린잎을 따서 잘게 잘라서 건조시킨 뒤 찻잎으로 만든다. 잎에는 혈압을 내리는 작용과 항균, 항바이러스작용이 있다. '천연 항생물질'로 독감, 헤르페스, 순환기계의 기능 개선이나 방광염, 당뇨병 치료 등에 사용되는 경우도 있다.

🌿 올리브 오일의 종류

시판되고 있는 올리브 오일에는 엑스트라 버진 올리브 오일과 퓨어 올리브 오일 두 종류가 있다. 엑스트라 버진 올리브 오일은 산도 비율이 0.8% 이하인 질 좋은 오일이고, 과일 향이 나는 맛으로 샐러드 드레싱 등의 생식에 어울린다. 퓨어 올리브 오일은 정제 올리브 오일과 버진 올리브 오일을 혼합한 것으로, 비교적 싼값에 얻을 수 있고 튀김 등에 적합하다.

1 수확한 열매를 벨트 컨베이어로 운반해 올린다.   2 깨끗해진 열매
3 회전하는 맷돌로 갈아 으깬다.   4 압착기에 넣어 짠 것을 수분과 유분으로 분리한다.

143

올스파이스

Allspice

학명 : *Pimenta dioica*
과명 : 도금양과
원산지 : 중남미
이용부분 : 씨

올스파이스의 홀

풍미 클로브, 시나몬, 너트메그를 섞은 듯한 향과 맛이 난다.
이용법 식용, 약용
주의점 특별히 알려져 있지 않다.
해설 클로브나 시나몬 등 여러 가지 향신료가 섞인 듯한 향과 맛이 나서 올스파이스라는 이름이 붙었다. 자메이카 산이 가장 좋다고 여기며 현재는 케첩이나 피클, 소시지, 고기 통조림 등 식품 산업에서 사용하는 일이 많다. 케이크나 잼에 사용하면 맛이 단단해진다. 자메이카에서는 스튜, 카레 등에도 사용한다. 방부효과, 항균효과가 있고, 장 등 소화기계의 병을 일시적으로 완화하는 작용도 있다.

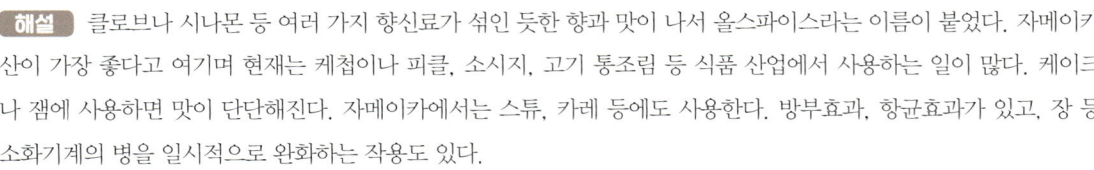

덜 익은 과일은 초록색이지만 익으면서 보랏빛이 감도는 갈색이 된다.

와일드 스트로베리

Wild strawberry

학명 : *Fragoria vesca*
별명 : 야생 딸기
과명 : 장미과
원산지 : 서아시아, 북아메리카, 유럽
이용부분 : 씨, 줄기, 잎, 뿌리

건조시킨 와일드
스트로베리의 잎

`풍미` 잎은 방향이 강하며, 열매는 신맛이 강하다.
`이용법` 식용, 음료용, 원예용, 헬스케어용
`주의점` 특별히 알려져 있지 않다.
`해설` 재배종인 딸기에 대응하며 야생 딸기를 총칭해서 '와일드 스트로베리'라고 부른다. 자생하고 있는 장소에 보다 많은 아종이 있다고 여기는데 모두 알갱이가 작으며 향이 좋은 것이 특징이다. 생식 외에 잼이나 아이스크림 등에도 이용한다. 비타민C와 철분이 풍부해서 빈혈 개선작용이 기대되는 한편, 건조시킨 잎으로 만든 티는 신장기능을 높이는 효과가 있다고 알려져 있다. 정화작용을 촉진하기 때문에 방광염이나 비만 등에도 사용한다.

우엉
Burdock

학명 : *Arctium lappa*
과명 : 국화과
원산지 : 유럽
이용부분 : 씨(우방자(牛蒡子), 악실(惡實))

건조시킨 우엉의 뿌리

풍미 우엉 특유의 고소한 풍미
이용법 식용, 음료용, 약용
주의점 특별히 알려져 있지 않다.
해설 원래는 유럽이 원산지이며 약초로 전래됐었다. 유럽에서는 오래전부터 메디컬 허브로 사용했으며 간장의 해독작용, 독소나 노폐물을 배출하는 디톡스효과가 있다고 알려져 있다. 아유르베다에서는 혈액과 림프액을 강력하게 정화시키는 작용이 있다고 여긴다. 충혈을 제거하고 부스럼이나 부종의 해소에 도움이 된다. 또 씨에는 이뇨 및 발한작용이 있고 기침을 진정시키는 작용도 있기 때문에 감기약으로도 처방된다.

우엉의 잎

울금

Turmeric

학명 : *Curcuma longa*
과명 : 생강과
원산지 : 열대 아시아
이용부분 : 뿌리줄기

춘울금의 꽃

풍미 오렌지와 생강이 섞인 것 같은 향이며 톡 쏘고 쓴 맛이 있다.

이용법 식용, 약용

주의점 임신 중, 수유 중에는 사용하지 말 것. 위궤양, 위산 과다, 담도폐쇄증인 경우에는 사용하지 말 것. 담석이 있는 경우에는 의사와 상담할 것. 과잉섭취 또는 장기간에 걸친 대량 섭취는 피할 것

해설 카레 파우더에 빠질 수 없는 재료로 카레의 노란색은 이 향신료의 색이다. 염색 목적으로 사용했다는 기록도 많이 있다. 쓴맛이 있지만, 코리앤더(고수) 파우더나 커민씨 파우더 등 다른 향신료와 섞으면 먹기 쉬워져서 인도의 카레 요리 전반에서 자주 쓰인다. 남아시아 요리에서도 빈번히 사용되고 있다. 서양에서는 블렌드 머스터드에 들어가 있는 경우도 있다. 울금의 색소 성분은 쿠르쿠민이라고 부르며 항산화력이 높다고 알려져 있어서 아시아에서는 강장제나 간장병 개선 등에도 사용하고 있다. 간장이나 쓸개의 기능을 촉진하기 때문에 알코올성 간염 등의 예방을 도와주기도 한다. 연고에 섞어서 피부질환에 처방하는 경우도 있다. 아유르베다에서는 울금을 천연 항생물질로 여기고 있다. 한방의 생약 '울금'은 기운을 돌게 하는 효능이 있기 때문에 정신 불안 증상의 완화, 혈류 장애 개선 등에 처방한다.

울금의
뿌리줄기

> **혼동하기 쉬운 '울금'**
> 터머릭=울금이라고 여겨지는 경우가 많은데 정확하게는 강황을 말하는 것이다.
> 울금에는 봄에 핑크색 꽃을 피우는 춘울금과 가을에 흰색 꽃을 피우는 추울금이 있다. 잎에 자색 선이 들어간 자울금도 유사종이다.

생산량

주요 수출국인 인도 외에 방글라데시, 중국, 인도네시아, 미국 등의 나라에서 생산하고 있다.

특징과 수확

춥고 따뜻한 기온 차이가 있는 산속에서 재배하면 순한 맛이 된다. 비료로는 말똥을 사용한다. 뿌리줄기를 수확한 뒤, 한 번 땅속 1m 정도에서 3개월간 숙성시킨다. 싹이 움직이기 전에 세척기를 사용해서 정성껏 진흙을 털어 낸다. 열처리로 세정하면 고온으로 쿠르쿠민의 양이 줄어들어 버리기 때문에 수작업으로 이루어지고 있다. 생은 쓴맛이 강하다. 춘울금은 잎 뒤가 벨벳 같고, 추울금은 매끈매끈하고, 자울금은 잎의 정중앙에 자색 선이 들어가 있기 때문에 구분하기는 쉽다.

강황(춘울금)

유사종인 강황(C.aromatica)은 생강과의 다년초로 와일드 터머릭이라고도 부른다. 자극성이 있는 매운맛과 강한 쓴맛이 특징이다. 터머릭과 같은 모양이고 쿠르쿠민이 함유되었지만, 정유 성분이 더 많이 함유되어 있기 때문에 터머릭보다도 약효가 높다고 알려져 있다. 테르펜계 정유분에는 담즙 분비를 활성화하는 작용이 있고 간장의 작용을 좋게 한다고 알려져 있다.

추울금

강황(춘울금)의 꽃은 핑크색이다.

추울금 파우더

울금 파우더

자울금 파우더

스파이스 활용법 ❶ - 수제 가람 마살라

가람 마살라는 인도 요리에서 사용되고 있는 여러 향신료를 섞은 조미료를 의미한다. 향을 내는 데에 사용되는데, 가람(Garam)은 힌두어로 '따끔따끔하다'라는 의미인데 매운맛은 적고 향을 내는 데에 사용한다. 집마다 사용하는 향신료와 밸런스가 달라서 집집마다 맛이 다를 수 있다. 간단하게 직접 만들 수 있고 신선한 향을 즐길 수 있어서 카레를 마무리할 때 뿌리는 것만으로도 풍미를 높여 준다.

재료(만들기 쉬운 양)
그린 카더멈 – 15g, 커민씨 – 15g, 블랙페퍼 – 7g
시나몬 – 6g, 클로브 – 6g, 너트메그(파우더) – 5g

만드는 방법

1. 작은 프라이팬을 약불에 올리고, 커민씨를 굽는다. 연기가 나오기 시작하고 '푸칫'하는 소리가 나고 20초 정도 지나면 불을 끄고, 바로 그릇에 옮겨서 식힌다.
2. 1과 너트메그 이외의 홀스파이스는 한 종류씩 전동 밀을 이용해 파우더 상태로 만든다. 파우더 상태로 만든 모든 재료를 잘 섞은 뒤, 바로 밀폐 용기에 옮긴다.

스파이스 활용법 ❷ - 진한 치킨 카레

재료(4접시분)

커민씨 홀 – 작은 숟갈로 1술, 마늘(간 것) – 2쪽
카옌고추 파우더 – 작은 숟갈로 1술, 코리앤더(고수) 잎(잘게 썬 것) – 큰 숟갈로 1술
블랙페퍼 파우더 – 작은 숟갈로 1/2술, 소금 – 작은 숟갈로 2술
가람 마살라 – 작은 숟갈로 2술, 양파(잘게 썬 것) – 3개
토마토(잘게 썬 것) – 2개, 닭다리살(한 입 크기) – 300g, 버터 – 큰 숟갈로 3술
생크림 – 150ml, 코코넛 크림(캔) – 165ml, 요구르트 – 큰 숟갈로 4술

🔥 만드는 방법

1. 안이 깊은 프라이팬에서 중불로 버터를 데운 다음 커민씨를 넣는다.

2. 커민씨가 타닥타닥 소리가 나면 마늘과 가람 마살라를 작은 숟갈로 1과 1/2, 카옌고추 파우더를 투입한다. 잘 어우러지면 양파를 더해서 함께 볶는다.

3. 양파가 부드러워지면, 토마토와 코리앤더(고수) 잎을 넣고 수분이 없어질 때까지 타지 않도록 볶는다.

4. 닭다리살과 생크림, 코코넛 크림과 요구르트, 블랙페퍼 파우더와 소금을 넣고, 중약불에서 20분 정도 저으면서 데운 뒤, 마지막에 남은 가람 마살라 작은 숟갈로 1/2를 더한 뒤 섞으면 완성된다.

스파이스 활용법 ❸ - 고소한 키마 카레

재료(4접시분)

커민씨 – 작은 숟갈로 1/2술, 마늘(약간 잘게 썬 것) –1쪽, 생강(약간 잘게 썬 것) –1쪽

A
- 코리앤더(고수) – 작은 숟갈로 2술
- 커민 파우더 – 작은 숟갈로 2술
- 울금 파우더 – 작은 숟갈로 1술
- 카엔페퍼 – 작은 숟갈로 1/2술

코리앤더(고수) – 큰 숟갈로 1술, 소금 – 작은 숟갈로 1술, 섞어 다진 고기 – 400g
양파(잘게 썬 것) – 2개, 컷 토마토 통조림 – 200g, 버터 – 큰 숟갈로 2술, 물 – 100mL

🔥 만드는 방법

1 버터를 프라이팬에서 중불로 데우고, 커민씨를 넣어서 향을 버터에 입힌다. 커민씨 주위에서 타닥타닥 소리가 나면 마늘과 생강을 넣어서 휙 볶아 준다.

2 양파를 넣고 중약불로 볶는다. 탈 것 같으면 물(분량 외) 1큰술을 넣는다. 양파가 타지 않고 갈색이 되면 컷 토마토를 넣는다.

3 컷 토마토의 수분이 날아가면 약불로 바꾸고 A와 소금을 더한다.

4 프라이팬 전체가 스파이스색이 되면 중불로 바꾸고, 섞어 다진 고기를 투입해서 한 번 섞은 뒤에 물 100mL를 넣고 10분간 함께 볶는다. 코리앤더(고수)를 넣고 2분 정도 섞으면서 볶아 준다. 그리고 간을 조절하면 완성이다.

원추리

Orange Daylily

학명 : *Hemerocallis longituba*
별명 : 금침채
과명 : 백합과
원산지 : 동아시아, 히말라야
이용부분 : 잎, 꽃봉오리, 뿌리

아스파라거스 같은 식감이며 담백하다.

꽃봉오리를 채취해서, 뜨거운 물로 데친 다음 건조시킨 것

풍미 향은 거의 없으며 담백한 맛
이용법 식용, 음료용, 약용
주의점 특별히 알려져 있지 않다.
해설 건조시킨 것은 황금빛이며 길고 가늘어 침처럼 보이기 때문에 금침채라고 부른다. 물로 불린 원추리는 중화요리 식재료로 스프나 볶음 등에서 넓게 사용되며, 생약으로도 오래전부터 사용되고 있다. 짜증을 해소하고 자율신경의 밸런스를 조절하는 효과가 있어서 정신 안정이나 불면증에 효과가 있다고 알려져 있다. 철분이 풍부해서 빈혈 예방도 된다. 하지만 생 꽃봉오리에는 독성이 있기 때문에 가열한 다음에 먹어야 한다.

생약은 쓴맛이나 떫은맛이 있기 때문에, 건조시킨 뒤에 사용한다.
건조된 잎은 문지르거나 으깨면 향이 더욱 강해진다.

월계수

Bay, Sweet bay, Laurel, Bay leaf

학명 : *Laurus nobilis*
별명 : 감람수
과명 : 녹나무과
원산지 : 유럽, 아시아 서부
이용부분 : 잎, 열매

월계수 파우더

월계수의 잎

풍미 시원하고 명료한 방향이 있다.
이용법 식용, 약용
주의점 조리 시에는 장시간 우려내면 쓴맛이 나오므로 주의할 것
해설 올림픽의 발상지인 그리스에서 월계관은 명예의 상징으로 알려져 있다. 향을 내거나 고기의 잡내 제거 등에 이용하며, 유럽에서는 카레나 포토푀 등의 찜 요리, 부용소스, 마리네에도 이용한다. 인도에서는 카레와 풀라오 등에도 사용한다. 정유에는 시네올 등의 성분이 함유되어 있어서 염증이나 통증을 완화시키는 효과가 있다고 여긴다. 아유르베다에서는 구풍작용이나 흥분 자극작용, 거담작용이 있다고 여긴다.

위치하젤
Witch hazel

학명 : *Hamamelis virginiana*
과명 : 조록나무과
원산지 : 캐나다 동부, 아메리카 동부
이용부분 : 잎, 나무껍질, 가지

- **풍미** 떫은맛, 쓴맛, 매운맛이 있다.
- **이용법** 약용, 음료용, 헬스케어용
- **주의점** 특별히 알려져 있지 않다.
- **해설** 조록나무과의 낙엽관목으로 높은 수렴작용이 있어서 북미 원주민 시대부터 소중하게 여겨져 왔다. 나무껍질이나 잎과 가지에서 추출한 진액에는 타닌이 포함되어 있어서 벌레 쏘임, 타박상, 베인 상처, 치질 치료에 사용한다. 또 항염증제, 지혈제로 구강 점막 염증이나 정맥류에도 사용한다. 위치하젤을 증류 추출한 것이 하마메리스수이다.

위치하젤의 꽃

위치하젤의 말린 잎

윈터 세이보리
Winter savory

학명 : *Satureja montana*
과명 : 꿀풀과
원산지 : 유럽, 북아프리카
이용부분 : 꽃, 줄기, 잎

- **풍미** 강한 향과 매운맛이 있다.
- **이용법** 식용, 음료용, 약용, 공예용
- **주의점** 임신 중에는 피할 것
- **해설** 일 년이면 시들어 버리는 일년초인 '섬머 세이보리'와 매년 자라는 상록관목인 '윈터 세이보리' 두 종류가 있다. 겨울종은 여름종보다도 매운맛, 향 둘 다 강하며 일 년 내내 수확된다. 고대 그리스 로마 시대부터 요리의 잡내를 없애는 용도로 사용되었고 장의 기능을 바로잡는 작용이 있다고도 알려져 있다. 콩이나 생선 요리 등과의 궁합이 좋다.

꽃이 핀 뒤에도 시들지 않는다.

윈터 세이보리를 자른 것

유럽피나무(린덴)
Linden

학명 : *Tilia x europaea*
과명 : 피나무과
원산지 : 유럽, 중국
이용부분 : 씨, 꽃, 줄기, 잎, 뿌리

풍미 단맛이 있으며 산뜻하다.
이용법 음료용, 식용, 헬스케어용, 공예용
주의점 특별히 알려져 있지 않다.
해설 고대부터 신성한 나무로 여겨졌으며 유럽에서 가로수로 일반적으로 심었던 나무로 나무 높이가 40m 이상 되는 것도 있다. '굿나잇티'라고도 부르며 꽃을 사용한 허브티에는 정신적인 스트레스를 완화하는 진정작용, 혈압을 내리고 차분하게 해주는 작용이 있다. 백목질인 린덴우드의 허브티에는 이뇨작용이 있어서 부종 개선에 사용한다. 또 신장의 기능을 활성화하고 콜레스테롤을 감소시킨다.

초여름에는 가지 가득히 연노랑빛 꽃을 피운다.

유럽피나무(린덴) 꽃이나 잎을 건조시킨 것

유자
Yuzu

학명 : *Citrus junos*
과명 : 운향과
원산지 : 중국 장강 상류
이용부분 : 씨, 열매

풍미 상큼한 감귤계의 향과 강한 신맛이 있다.
이용법 음료용, 헬스케어용, 식용
주의점 특별히 알려져 있지 않다.
해설 한국에서는 오래전부터 재배가 시작되었으며 식용뿐만이 아니라 민간에서는 감기약으로 이용했었다. 비타민C와 플라보노이드에는 항산화작용이 있으며 풍부한 구연산에는 피로 회복효과가 있다고 여겨져 차나 폰즈, 주스 등에도 사용된다. 또 뛰어난 혈행 촉진효과로 식은 몸을 따뜻하게 하기 때문에 동지 같은 추운 시기에 입욕제로 사용하는 관습이 있다.

유자의 가지에는 날카로운 가시가 있다.

허브 활용법 ❻ – 유자

❶ 곤약 산적

🥣 재료(만들기 쉬운 양)

유자 껍질 – 1/2개(잘게 썬 것)
A ┌ 설탕, 미소 – 각각 큰 숟갈로 2술
　└ 미림 – 큰 숟갈로 1술
곤약 – 1장

🔥 만드는 방법

1. 곤약은 양면에 격자 모양으로 칼집을 넣고 5등분해서 삶는다.
2. 작은 냄비에 유자 껍질과 A를 넣고 중불에서 타지 않도록 섞는다.
3. 곤약에 꼬치를 끼워 그릇에 담고 2를 뿌린다.

❷ 유자 후추

🥣 재료(만들기 쉬운 양)

청유자 – 3개, 풋고추 – 100g
소금 – 큰 숟갈로 2술

🔥 만드는 방법

1. 청유자의 껍질을 얇게 벗기고 잘게 썬다. 풋고추는 씨를 뺀 뒤 잘게 썰고 유자 껍질과 소금을 넣고 푸드 프로세서에 돌린다. 취향에 따라 유자의 과즙을 넣어도 좋다.
2. 보존병에 넣은 뒤 냉장고에서 보관한다.

③ 수제 폰즈

재료(만들기 쉬운 양)

유자즙 – 큰 숟갈로 4술, 간장 – 큰 숟갈로 6술
식초 – 큰 숟갈로 2술
술, 미림 – 각각 큰 숟갈로 1술
다시마(7cm) – 1장

만드는 방법

1 재료 전부를 병에 넣는다. 2주 정도 두면 한층 맛있어진다.

유칼립투스
Eucalyptus

학명 : *Eucalyptus globulus*
과명 : 도금양과
원산지 : 오스트레일리아
이용부분 : 잎, 나무껍질

코알라 나무로 유명하다.

풍미 자극이 있는 독특한 향, 특이함이 있는 초목의 맛
이용법 음료용, 헬스케어용, 관상용, 공예용, 향료용, 방충용, 목재용
주의점 임신 중, 수유 중에는 피할 것. 염증을 동반한 담즙관과 소화관 및 간질환에는 사용하지 말 것
해설 1000종 가까운 품종의 유칼리속의 총칭이다. 잎 모양도 긴 것부터 둥근 것까지 다양하며, 나무 높이도 다양하다. 잎에는 휘발성 정유분이 많이 함유되어 있어서 의약품으로 이용한다. 항균·항진드기작용, 항바이러스작용, 거담작용도 있다. 신경통이나 류머티즘 등에 직접 바르거나 아로마 테라피에서는 꽃가루 알레르기나 코 막힘, 두통 등에 사용한다. 또 살균, 방부, 구충작용이 높기 때문에 벌레퇴치 스프레이 등에도 사용된다. 다 큰 잎 여러 장에 뜨거운 물을 붓고 나오는 증기를 흡입하면 감기 증상을 완화시켜 주기도 한다.

유칼립투스잎을 문지르면 특유의 향이 난다.

은엽아카시아
Green Wattle, Early Black Wattle

학명 : *Acacia dealbata*
별명 : 미모사, 아카시아
과명 : 콩과
원산지 : 남아프리카
이용부분 : 씨, 꽃, 줄기, 잎, 뿌리

풍미 진하고 플로럴한 향(꽃에서 나는 것과 유사한 향기)
이용법 관상용, 공예용, 향료용, 헬스케어용, 식용
주의점 특별히 알려져 있지 않다.
해설 은엽아카시아의 꽃은 향수의 원료나 에센셜 오일, 벌꿀 등에도 이용된다. 그 효능은 안정된 정신 상태를 유지하며 스트레스에서 오는 몸 상태의 불량을 완화한다고 알려져 있다. 또 잎이나 나무껍질에는 타닌이 함유되어서 수렴작용이 있기 때문에 지성 피부의 여드름 등을 개선한다.

수목 전체가 노란색으로 물들 정도의 꽃을 피운다.

은행
Ginkgo, Maidenhair tree

학명 : *Ginkgo biloba*
과명 : 은행나무과
원산지 : 중국, 한반도, 일본
이용부분 : 씨, 잎

풍미 마른 잎의 향이 나며 조금 쓴맛이 있다.
이용법 음료용, 약용
주의점 항혈액 응고제(워퍼린 등)를 사용 중인 사람은 효과가 증강되기 때문에 사용하지 말 것
해설 은행은 현존하는 가장 오래된 메디컬 허브로 알려져 있다. 독일에서는 순환부전 치료약으로 인기가 높다. 은행잎에 함유된 플라보노이드에는 항산화작용이 있어서 혈관의 유연성을 유지하고 노화를 막는다. 뇌혈관을 보호하고 혈액 순환을 촉진하기 때문에, 알츠하이머형 치매나 뇌혈관형 치매에 이용된다. 또 이명, 현기증, 우울증 등에도 활용된다. 시장에 나오는 은행잎 진액은 품질이 불규칙해서 유사품에 주의해야 한다.

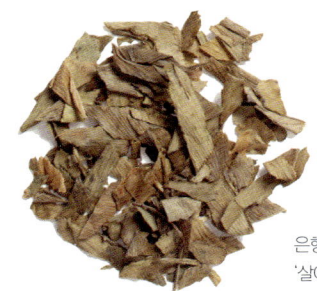

은행은 2억 년 전부터 존재한 식물로 '살아 있는 화석'으로도 불린다.

이질풀
Oriental geranium

학명 : *Geranium thunbergii*
과명 : 쥐손이풀
원산지 : 일본, 한국, 대만
이용부분 : 꽃, 줄기, 잎

풍미 풀 향이 나며 희미하게 쓴맛이 있다.
이용법 음료용, 약용
주의점 특별히 알려져 있지 않다.
해설 진하게 달이면 설사에 효과가 있고 연하게 달이면 변비에 좋고 장의 기능을 바로 잡는 효과가 있다. 또 타닌이 많이 함유되어 있기 때문에 항염증작용, 항균작용이 있고, 베인 상처의 소독 등에도 사용한다.

홍자색종과 백자색종
2가지 색깔의 꽃이 있다.

이탈리아목형
Chaste tree

학명 : *Vitex agnus castus*
영명 : *Chaste berry, Chaste tree fruit*
과명 : 마편초과
원산지 : 남유럽
이용부분 : 열매

건조시킨 이탈리아목형 열매

풍미 개운하고 독특한 향. 약간의 쓴맛이 있다.
이용법 음료용, 약용, 헬스케어용
주의점 임신 중에는 피할 것. 경구 피임약의 효과를 떨어뜨리는 경우가 있다.
해설 순비기나무과의 식물인 이탈리아목형의 열매를 체이스트 베리라고 한다. 오래전부터 여성의 체내 리듬의 개선에 효과가 있다고 여겨져 생리통, 부인과계질환에 사용되어 왔다. 그 뒤의 연구를 통해 모유를 잘 나오게 하거나 월경 전 증후군(PMS), 갱년기 장애 등의 완화, 황체 기능 부전에 의한 불임 치료에도 도움이 된다는 것이 알려지고 있다.

이탈리아목형의 꽃

인도 사르사파릴라
Sarsaparilla

학명 : *Hemidesmus indicus*
과명 : 박주가리과
원산지 : 인도, 스리랑카
이용부분 : 뿌리

인도 사르사파릴라 뿌리를 건조시킨 것

풍미 자극적인 향
이용법 약용, 헬스케어용
주의점 특별히 알려져 있지 않다.
해설 인도와 스리랑카에 분포하고 있는 상록 목질의 덩굴성 식물이다. 아유르베다에서는 뿌리를 파우더로 만들어 성기 강장제, 이뇨제, 매독이나 피부병 등의 약으로 사용한다. 비뇨기나 생식기를 정화하고 모든 감염병이나 염증을 제거한다고 알려져 있다. 루트 비어의 원료로 사용되는 경우도 있다.

인도 인삼
Indian ginseng

학명 : *Withania somnifera*
별명 : 아슈와간다, 아쉬와간다
과명 : 가지과
원산지 : 인도, 네팔
이용부분 : 뿌리

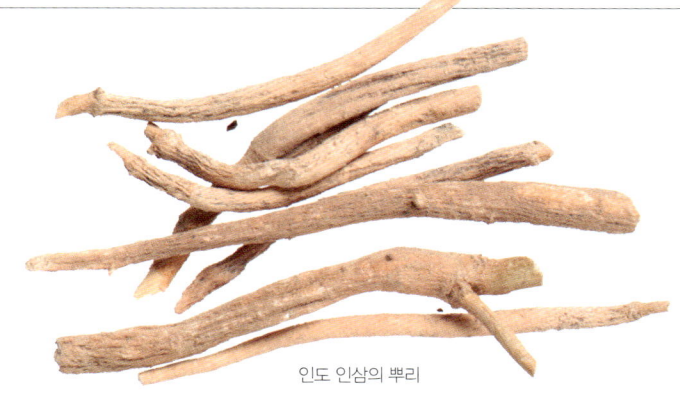
인도 인삼의 뿌리

풍미 흙 향이 나고, 약간 쓴맛이 있다.
이용법 약용, 음료용, 헬스케어용
주의점 대량 섭취를 피할 것. 임신 중, 수유 중에는 사용하지 말 것
해설 인도 인삼은 가지과의 관목으로 아유르베다에서는 '회춘의 묘약'이라 하여 기원전 천 년부터 이용되어 왔다. 뿌리에는 고려 인삼과 같은 성분이 함유되어 있어, 건조 분말을 우유로 달여서 꿀이나 블랙페퍼를 첨가한 것을 자기 전에 마시면 꿈을 꾸지 않고 푹 잘 수 있다고 알려져 있다. 면역력 강화, 근육이나 뼈의 재형성, 혈액 정화 같은 효과가 있는 것 외에 전신 피로나 스트레스 예방에도 효과가 있다.

인카나타 시계초
Passion flower

학명 : *Passiflora incarnata*
과명 : 시계꽃과
원산지 : 미국 남동부
이용부분 : 꽃, 줄기, 잎

지상부를 건조시킨 것

풍미 마른 풀 향, 담백한 맛
이용법 음료용, 약용, 관상용
주의점 특별히 알려져 있지 않다.
해설 식물성 정신 안정제로 알려져 있으며 긴장이나 불안을 완화시키고 두통이나 치통, 생리통 등의 격한 통증을 진정시킨다. 온화하게 작용하기 때문에 소아나 고령자, 갱년기 여성에게도 처방할 수 있다. 취침 전에 마시면 개운하게 잠들 수 있다.

일본 박하

Japanese peppermint

학명 : *Mentha arvensis var.piperascens*
과명 : 꿀풀과
원산지 : 일본
이용부분 : 잎

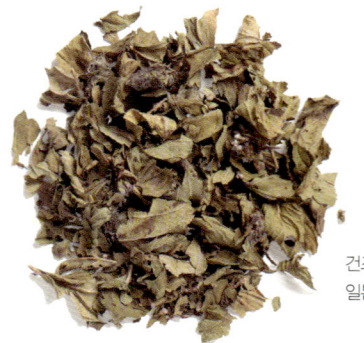

건조된
일본 박하의 잎

풍미 청량감 있는 상큼한 향
이용법 식용, 음료용, 약용
주의점 특별히 알려져 있지 않다.
해설 동양종은 일본 박하라고 하며 일반적인 민트류(서양종 박하)에 비해 잎 모양이 길며 향도 강하다. 민트 중에서도 정유분인 멘톨이나 카르본이 많으며 정유 외에 '박하뇌'라고 불리는 결정도 석출된다. 오래전부터 향료로 식품이나 생활용품, 담배 등에, 또는 의약용품(박하유·박하뇌 등)으로도 사용되고 있다. 전통 과자, 사탕 등의 향료로 이용되는 것으로 잘 알려져 있다. 한방의 생약인 '박하'는 감기에 의한 발열이나 두통, 눈 충혈 등의 증상 개선에 효과가 있다고 여겨진다.

🍃 멘톨로 시원하게

박하(민트류) 특유의 시원한 청량감은 몸속에 있는 차가움을 느끼는 수용체를 자극하거나 상온에서 승화해서 기화열을 뺏는 효과가 있는 '멘톨'이라는 성분이 많이 함유되어 있기 때문이다.

> **차로도 즐길 수 있다**
> 일본 박하의 허브티는 숙취나 속 쓰림에 효과적이다. 살균작용이 있기 때문에 감기 대책으로도 좋다.

일본 박하는 일본 재래종인 다년초

잇꽃(사플라워)
safflower

학명 : *Carthamus tinctorius*
별명 : 홍람, 홍화, 이꽃, 잇나물
과명 : 국화과
원산지 : 이집트
이용부분 : 씨, 꽃

- **풍미** 단 꽃 향, 포트 매리골드와 비슷한 부드러운 맛
- **이용법** 음료용, 약용, 염색용, 관상용
- **주의점** 출혈성 질환, 궤양이 있는 사람은 피할 것. 임신 중에는 피할 것
- **해설** 오래전부터 염료 용도로 친숙했지만, 최근에는 씨에서 짜낸 식용 홍화유(잇꽃유) 등으로도 사용하고 있다. 또 혈류를 좋게 하는 효과가 있기 때문에 냉증 개선, 생리통, 생리 불순, 갱년기 장애를 완화시키는 약용주 등에도 사용되고 있다. 한방에서도 생약 '홍화(紅花)'는 부인과계의 대사부전에 처방된다. 욕제로 외용하면 혈액 순환 촉진이나 냉증에 효과적이다.

생화는 노란색이지만 물에 넣었다가 건조시키면 홍색이 된다.

잎새버섯
Hen-of-the-Woods, Ram's Head, Sheep's Head

학명 : *Grifola frondosa*
과명 : 왕잎새버섯과
원산지 : 유럽, 북아프리카, 아시아
이용부분 : 자실체, 균사체

- **풍미** 품질이 좋은 버섯의 향, 독특한 씹는 맛이 있다.
- **이용법** 식용, 약용
- **주의점** 버섯 알레르기가 있는 사람은 사용하지 말 것
- **해설** 오래전부터 식용과 약용으로 사용했으며 '버섯의 왕'이라 부르며 귀중히 여겼었다. β-글루칸이 많이 함유되어서 간장병, 당뇨병, 생활 습관병에 효과가 있다. 또 암이나 알레르기 질환 등에도 유효성이 있다고 보고되고 있다.

균상 재배된 것이 일 년 내내 시장에 나오고 있다.

자주루드베키아
Echinacea

학명 : *Echinacea purpurea, E.pallida, E.purpurea*
별명 : 에키네시아
과명 : 국화과
원산지 : 북아메리카
이용부분 : 줄기, 잎, 뿌리

자주루드베키아의 말린 잎

- **풍미** 풋내 나는 약초풍의 향, 마른 풀 같은 맛
- **이용법** 약용, 음료용, 헬스케어용, 관상용, 공예용
- **주의점** 특별히 알려져 있지 않다.
- **해설** 국화과의 다년초로 데이지 같은 보라색 꽃을 피운다. 북미 원주민은 감기나 전염병의 치료에 사용하거나 벌레 쏘임이나 뱀에 물린 상처, 상처 치료 등 만능 통치약으로 사용했다. 약해진 면역력을 강화하고 저항력을 높이거나 바이러스를 공격하는 작용이 있다고 알려져 있다. '천연 항생물질'이라고도 불리며 아유르베다에서도 사용한다.

자주루드베키아의 꽃

재스민
Jasmine

학명 : *Jasminum grandiflorum*
과명 : 물푸레나무과
원산지 : 카슈미르, 히말라야
이용부분 : 꽃

재스민의 꽃

- **풍미** 고급스러운 단 향, 담백하고 깔끔한 맛
- **이용법** 음료용, 원예용, 식용, 향료용
- **주의점** 꽃이 노란 캐롤라이나 재스민은 독성이 있기 때문에 음용하지 말 것
- **해설** 재스민은 총칭이며 많은 종류가 있지만 그중에서 몇 개 품종의 꽃에는 강한 방향이 있어서 향수나 재스민차의 원료가 된다. 단 향은 짜증을 가라앉혀서 릴랙스효과를 기대할 수 있다. 또 호르몬 분비를 조절하며 성기능 장애의 개선에 도움을 주기도 한다. 아유르베다에서는 자궁을 정화하고 젊어지게 하는 효과가 있다고 알려져 있다.

재스민 홀

전동싸리
Melilot, Sweet Clover

노란색이며 작은 나비 모양의 꽃을 피운다.

학명 : *Melilotus officinalis*
별명 : 초목서, 멜리토우스초
과명 : 콩과
원산지 : 아시아～유럽
이용부분 : 씨, 꽃, 줄기, 잎, 뿌리

풍미 스위트 그래스와 비슷한 단 향이며, 쓴맛이 조금 난다.
이용법 음료용, 약용, 방충용
주의점 건조가 덜 됐거나 발효된 것은 강한 독소가 나오기 때문에 주의할 것
해설 유라시아 대륙에 넓게 자생하며 잡초화되어 있어서 목초지나 경작지 등 여기저기에서 볼 수 있다. 유럽에서는 림프의 흐름을 좋게 하여 노폐물이나 수분을 배출한다고 여겨서 다리의 부종이나 혈행 촉진, 장딴지의 쥐남 등에 잘 듣는 민간약으로 사용했다. 살균, 진통, 소염작용이 있어서 외용약으로도 사용된다. 또 방충작용이 있어서 사쉐로 만들어 옷장에 넣어 두는 경우도 있다.

정향(클로브)
Clove

정향 홀

정향 파우더

학명 : *Syzygium aromaticum*
과명 : 도금양과
원산지 : 인도네시아 말루쿠 제도, 필리핀 남부
이용부분 : 꽃(봉오리)

풍미 독특한 떫은맛을 띤 풍부한 향이며 씹으면 날카로운 매운맛과 쓴맛이 난다.
이용법 식용, 기호용
주의점 염증이 있는 경우나 고혈압인 사람은 사용을 삼갈 것. 2세 이하의 소아, 수유 중에는 사용하지 말 것. 임산부도 주의가 필요하다.
해설 가장 오래된 기록은 고대 중국의 문헌에 있는데 궁정의 관리들은 황제에게 이야기를 할 때 클로브를 입에 머금어서 구취를 없앴다고 한다. 미국에서는 구운 햄 주위에 곁들이거나 독일에서는 빵 반죽에 추가하는 등, 다양한 요리에 사용된다. 인도네시아에서는 담뱃잎 클로브를 조합한 향기 좋은 담배를 선호하고 있다. 인도에서는 이가 아플 때에 입에 머금어서 고통을 억제하는 경우도 있다. 위장계와 비뇨기계를 따뜻하게 하는 생약으로 딸꾹질이나 구토, 설사, 복부 냉기나 산통에 처방된다. 정유 성분에는 진통작용 외에도 방부작용이 있어서 식용 이외에도 옷장의 방향제 대용으로 사용하는 경우도 있다.

클로브는 상록고목이며 10m 정도로 성장한다.

개화 전의 빨갛게 물든 봉오리를 수확한다.

제도어리

Zedoary

학명 : *Curcuma zedoaria*
과명 : 생강과
원산지 : 인도, 인도네시아
이용부분 : 뿌리

제도어리
파우더

드라이
제도어리 슬라이스

풍미 사향과 장뇌가 섞인 것 같은 상쾌한 향이며 생강과도 비슷한 맛

이용법 식용, 약용

주의점 임신 중에는 사용하지 말 것

해설 인도나 인도네시아에서는 터머릭이나 드라이 진저의 대용으로 사용하며 고기나 양고기를 사용한 요리와 궁합이 좋다. 반대로 서양에는 거의 알려지지 않았으며 생강이 대용품으로 사용되고 있다. 전분질이 풍부하며 자극이 있어서 아유르베다에서는 아기나 허약 체질인 사람에게 처방하고 있다. 고추나 시나몬, 벌꿀과 섞어서 감기약으로도 사용한다. 소화를 촉진하는 생약으로도 알려져 있다. 춘울금, 추울금과 아주 닮은 모습이지만 제도어리는 잎 중앙에 보라색 선이 들어가 있다.

향수에 사용되기도

향이 강한 터머릭의 한 무리이기도 한 제도어리. 그 향은 로즈마리와도 아주 닮아서 인도에서는 향수의 원료로도 쓰고 있다.

차나무

Green tea

학명 : *Camellia sinensis*
과명 : 차나무과
원산지 : 중국 남부
이용부분 : 잎

전차(엽차)

풍미 산뜻한 향과 쓴맛
이용법 음료용, 식용, 관상용, 헬스케어용
주의점 발효된 홍차의 차제는 장기간 또는 많은 양은 사용이 불가하다.
해설 차나무는 관목성이며 잎이 작은 '시넨시스'와 고목성이며 잎이 큰 '아삼'이라는 2개의 변종이 있다. 녹차에 많이 함유된 카테킨은 항산화작용, 항균작용, 항바이러스 작용이 있다고 알려져 있다. 또 냄새 성분을 흡수하는 작용이 있기 때문에 구취 예방에도 도움이 된다. 차의 비타민C는 열로 파괴되기 쉽지 않기 때문에 감기 예방이나 피부가 거칠어지는 것에도 효과적이다. 두통이나 어두침침한 눈, 가슴 화끈거림, 목이 마름, 거담 등에 처방된다.

재배되고 있는 차나무는
가지치기를 하기 때문에 길이는 1m 정도다.

시즈오카현, 후지산의 스소노 지역에 펼쳐진 차밭

차조기

Shiso

학명 : *Perilla frutescens var.crispa*
별명 : 시소, 소엽, 차즈기
과명 : 꿀풀과
원산지 : 중국 남부, 히말라야, 일본
이용부분 : 씨, 꽃, 줄기, 잎

`풍미` 산뜻한 향, 상쾌한 맛
`이용법` 식용, 음료용, 원예용, 헬스케어용
`주의점` 특별히 알려져 있지 않다.
`해설` 일본에서는 요리의 고명으로 많이 사용되어 왔다. 잎에는 식욕 증진효과나 살균, 방부, 해열, 해독작용이 있어서 오래전부터 일본에서는 우메보시의 착색, 착향료로 쓰거나 회에 곁들여 나오는 것으로 사용되고 있다. 향성분인 페릴알데히드에는 알레르기를 억제하는 성분이 많이 함유되어서 아토피성 피부염에 효과가 있다는 것이 확인되었다. 생약명은 '소엽(蘇葉)'이며, 발한작용을 통해 한기를 없애서 내장을 건강하게 한다고 알려져 있다. 또 씨인 '자소자(紫蘇子)'는 밑에서 끌어 올라오는 기침이나 가래가 끓는 천식에 처방된다.

차조기의 열매

차조기의 꽃

차조기의 형태
차조기의 길이는 20~60cm 정도다. 줄기는 사각이며 잎은 넓은 달걀형, 테두리가 톱니 모양이며 줄기에 마주하며 나 있다.

차조기의 종류
차조기는 품종이 많다. 잎이 쪼글쪼글한 직물 모양에 주름이 많은 축면 차조기, 줄기 잎이 녹색이며 주름이 없는 푸른 차조기, 양쪽의 성질을 다 가진 푸른 축면 차조기, 잎의 양면 모두 붉은색이며 주름이 없는 붉은 차조기, 표면이 녹색이며 뒷면이 보라색인 한쪽면 차조기 등이 있다.

식용으로는
일본에서 푸른 차조기, 붉은 차조기를 둘 다 사용하고 있는데 푸른 차조기는 일본에서 회에 곁들어 나오거나 덴푸라 등에 사용되고 붉은 차조기는 우메보시 등의 색을 내거나 약용으로 사용된다. 붉은색은 폴리페놀 중 하나인 안토시아닌이다.

붉은 차조기에는 폴리페놀 중 하나인 안토시아닌이 함유되어 있다.

잎은 밑에서 순차적으로 수확한다.

허브 활용법 ❼ - 차조기

① 차조기를 감싼 가다랑어 구이

재료(2인분)

푸른 차조기(시소잎) – 8장, 가다랑어(회용) – 1덩이
소금, 후추, 술 – 각각 조금씩, 미소 된장 – 적당량
밀가루 – 적당량, 올리브 오일 – 적당량
무 – 적당량(간 것)

만드는 방법

1. 가다랑어는 8등분으로 어슷썰기로 자르고, 소금, 술, 후추를 친다.
2. 푸른 차조기의 한쪽 면에 미림을 얇게 바른다.
3. 2로 1을 집은 뒤 밀가루를 묻힌다.
4. 프라이팬에 올리브 오일을 가열한 뒤, 3을 넣고 중불로 알맞게 굽는다.
5. 접시에 담고 갈아 낸 무를 곁들인다.

② 붉은 차조기 주스

재료(만들기 쉬운 양)

붉은 차조기(잎만) – 200g, 식초 – 2컵
라칸토S(액상) – 큰 숟갈로 3술, 물 – 2L

만드는 방법

1. 붉은 차조기는 줄기에서 잎만 떼낸 뒤, 씻어서 물기를 확실히 뺀다. 냄비에 2L의 물을 붓고 끓인 뒤, 다 끓으면 식초를 넣는다.
2. 2에 1을 넣고, 5분 정도 우려낸다.
3. 물이 선명한 보라색이 되면, 일단 불을 끄고 잎을 끄집어 걸러 낸다.
4. 다시 불을 켠 뒤 라칸토S를 넣고 20~30분 바짝 졸인다.
5. 뜨거운 동안에 보존용 병에 넣는다. 마실 때에는 3배로 희석시킨다.
6. 꿀로 단맛을 조절한다.

※ 라칸토S는 나한과 추출물 리톨로 만든 0칼로리의 단맛을 내는 감미료 제품

3 차조기(시소잎)밥

재료(2인분)

푸른 차조기 – 10장, 밥– 적당량
이삭 차조기 – 4개(꽃을 딴 것, 없어도 됨)
밥 – 적당량
A ┌ 맛국물 – 3컵
  │ 간장 – 작은 숟갈로 1술
  └ 소금 – 작은 숟갈로 1/3술
생강 – 1조각(간 것)

만드는 방법

1. 푸른 차조기는 채를 쳐서 물에 담근 뒤, 수분을 뺀다.
2. 냄비에 A를 넣고 한소끔 끓인다.
3. 그릇에 밥을 담고 2를 뿌린 뒤 푸른 차조기, 이삭 차조기, 생강을 올린다.

4 가지와 뱅어포 파스타 샐러드

재료(2인분)

푸른 차조기 – 10장(채친 것), 가지 – 4개
루콜라 – 10g(손으로 잘게 찢은 것), 카펠리니 – 80g
올리브 오일 – 큰 숟갈로 2술, 마늘 – 1조각(빻은 것)
뱅어포 – 30g, 소금과 후추 – 각각 조금씩
버터 – 10g, 간장 – 작은 숟갈로 2술

만드는 방법

1. 가지는 꼭지를 따서 세로로 얇게 썬다.
2. 카펠리니는 손으로 반으로 꺾어서 소금 2큰술(분량 외)을 넣은 뜨거운 물로 데친 뒤, 소쿠리에 올린다.
3. 프라이팬에 올리브 오일과 마늘을 넣고 지긋이 볶는다. 마늘향이 올라오면, 가지와 뱅어포를 넣고 볶는다.
4. 가지가 부드러워지면 소금과 후추로 맛을 맞추고, 버터와 간장을 더한다.
5. 접시에 2를 담고 3을 올린 뒤, 얇게 썬 푸른 차조기와 잘게 자른 루콜라를 뿌린다.

5 돼지고기 샤부샤부와 상추 샐러드

재료(2인분)

푸른 차조기 – 20장, 얇게 썬 돼지고기 – 100g
새싹 – 한 팩(30g), 상추 – 4장, 간 깨(흰 깨) – 적당량
A ┌ 양파 – 1/2개(간 것)
  └ 간장, 식초 – 각각 1/4컵

만드는 방법

1. 돼지고기는 술 조금(분량 외)을 더한 끓는 물에서 살짝 데쳐서 소쿠리에 올리고 식힌 뒤 한 입 크기로 자른다.
2. 새싹은 살짝 씻은 뒤 물기를 뺀다. 푸른 차조기 10장과 상추는 먹기 쉬운 크기로 손으로 찢는다.
3. 그릇에 1, 2를 넣고 함께 섞은 A를 더해서 버무린다.
4. 접시에 담고 채친 푸른 차조기 10장을 뿌린 뒤, 깨를 뿌린다.

참깨
Sesame Seed

학명 : *Sesamum indicum*
과명 : 참깨과
원산지 : 아프리카, 인도
이용부분 : 씨

풍미 익으면 고소한 향이 감돌고 맛도 부드럽고 고소해진다.

이용법 식용, 약용, 마사지용

주의점 비만인 사람은 사용을 피할 것

해설 오래전부터 아시아와 아프리카에서 재배되었으며 기름을 짜기 위해 길러진 고대 식물로 알려져 있다. 유럽, 미국과 중근동에서는 양귀비씨처럼 빵이나 케이크 등 과자의 맛을 내는 데에 사용되고 있다. 그 밖에 샐러드의 드레싱에 들어가거나 갈아서 양념으로 만드는 이용방법도 있다. 항산화 성분인 세사민이 함유되어 있어서 노화 방지나 동맥경화 예방 등 많은 효능이 있다. 리놀레산이 많이 함유된 기름은 아유르베다에서는 몸에 발라서 사용한다. 검은깨는 태양 에너지를 보다 많이 가지고 있기 때문에 효력이 가장 강하다고 여겨지고 있다. 한방에서는 요통이나 허리 나른함, 현기증, 관절통, 건조성 변비 등에 '검은깨'를 처방한다.

높이 1.5m 정도가 되는 참깨

> **검은깨 바나나 쉐이크 만드는 방법(2인분)**
> 바나나 – 1개, 검은깨 간 것 – 큰 숟갈로 2술,
> 조제두유 – 200cc
>
> 바나나는 한 입 크기로 만들고 다른 재료와 함께 넣어서 매끄러워질 때까지 믹서에 돌린다. 피로 회복에 효과적이고 속이 든든하기 때문에 아침 식사 대용으로 마시는 것도 추천한다.

흰깨   금깨

검은깨

창포
Sweet flag

학명 : *Acorus calamus*
과명 : 천남성과
원산지 : 아시아 동부
이용부분 : 뿌리줄기

창포의 뿌리줄기

창포물을 만들 때 잎을 사용한다.

풍미 장뇌 같은 상큼하고 강한 향이 있다.

이용법 약용, 음료용

주의점 다량으로 복용하면 구역질을 불러일으키기 때문에 일반적으로는 물 한 컵에 2g 정도를 사용한다. 생강과 꿀을 함께 섞어 마신다.

해설 뿌리줄기를 사용할 때는 3년 정도 자라서 두꺼워진 것을 파낸 뒤, 수염뿌리를 제거하고 씻은 후 10cm 정도 길이로 잘라서 햇볕에 건조시킨다. 머리를 좋게 하는 약초로 옛날부터 건망증 등에 사용한 한편, 항균작용이 있기 때문에 기침을 멎게 하는 약이나 위를 튼튼하게 하는 약으로도 사용하고 있다. 아유르베다에서는 뇌나 신경계를 정화하고 재활성화하는 회춘작용이 있다고 알려져 있다. 생약인 '창포근(菖蒲根)'은 뿌리줄기를 가리키는데, 생약으로는 같은 속 비슷한 종인 '석창포근(石菖蒲根-Acorus gramineus)' 쪽이 일반적이다. 향은 '창포근' 쪽이 강하다.

처빌
Chervill

학명 : *Anthriscus cerefolium*
과명 : 미나리과
원산지 : 유럽 중부~아시아 서부
이용부분 : 줄기, 잎

처빌의 드라이 허브

레이스 같은
고운 꽃을 피운다.

풍미 파슬리보다 단 향

이용법 식용, 약용

주의점 특별히 알려져 있지 않다.

해설 파슬리의 향을 부드럽게 한 것 같은 단 향이 특징이며 생선이나 고기의 풍미를 낼 때나 달걀 요리 등과 궁합이 좋다. 프랑스에서는 '미식가의 파슬리'라고도 불리며 샐러드, 오믈렛, 수프, 드레싱에도 사용된다. 카로틴, 비타민, 철, 마그네슘 등이 함유되어 있기 때문에 면역력 강화작용도 있다.

> **믹스 허브의 주재료**
> 프랑스에서는 차이브 등과 함께 잘게 썰어서 만든 믹스 허브인 '핀제르브'의 주재료로도 유명하다.

천수근(데빌스 클로우)
Devil's claw

학명 : *Harpagophytum procumbens*
과명 : 참깨과
원산지 : 아프리카 남서부
이용부분 : 곁뿌리의 덩이줄기

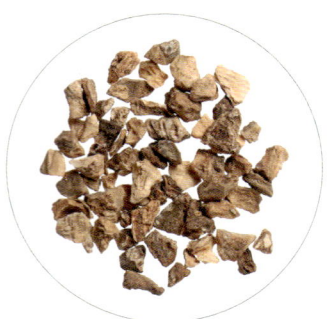

천수근(데빌스 클로우)을
건조시킨 뿌리 덩어리

풍미 쓴맛, 떫은맛이 있다.
이용법 음료용, 약용, 헬스케어용
주의점 위궤양, 십이지장궤양인 사람은 사용하지 말 것
해설 아프리카의 사막에 자생하는 참깨과의 식물로 보라색이나 붉은색을 띠는 나팔형의 꽃을 피우며, 열매에는 딱딱한 2개의 발톱 모양의 가시가 있기 때문에 데빌스 클로우(악마의 발톱)이라고 불리고 있다. 옛날 아프리카 원주민들은 고구마처럼 굵은 땅속줄기를 강장제로 소화 불량에 사용해 왔다.

배의 닻 같은
가시를 가지고 있다.

모래땅의 건조한 토양을 좋아한다. 허브티로 마시는 경우도 있다.

첨협현구자
Chinese sweet tea plant

학명 : *Rubus suavissimus*
과명 : 장미과
원산지 : 중국 남서부
이용부분 : 잎

건조시킨 첨엽현구자의 잎

풍미 향은 거의 없으며 단맛이 있다.
이용법 음료용, 약용, 헬스케어용
주의점 특별히 알려져 있지 않다.
해설 중국에서는 단맛이 있는 차를 모두 첨차라고 부르지만 일본에서는 첨엽현구자에서 만들어진 것을 주로 첨차라고 부르고 있다. 설탕의 70배 이상이나 된다고 알려진 단맛 성분이 함유되어 있고 체내에서 소화, 흡수되지 않기 때문에 당뇨병 환자나 비만증 환자의 감미료로 사용하고 있다. 첨차 폴리페놀은 동맥경화 예방이나 꽃가루 알레르기에 효과가 있다고 알려져 있다.

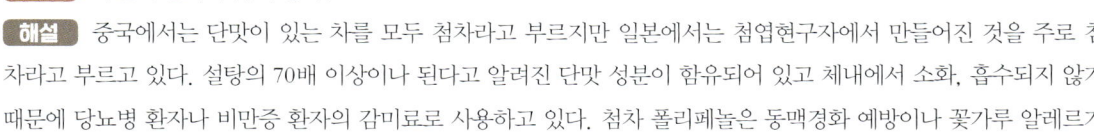

블랙베리의 입과 매우 닮았다.

치자나무

Common gardenia

학명 : *Gardenia jasminoides*
별명 : 산치자
과명 : 꼭두서니과
원산지 : 중국, 일본, 대만
이용부분 : 열매, 꽃, 줄기, 잎

치자나무의 열매는 젤리, 단무지, 밤과자 등을 노란색으로 물들이는 착색료가 된다.

풍미 고급스러운 방향이 나며, 혀끝에 닿는 느낌은 매끈하면서 쓴맛과 유분이 있다.

이용법 음료용, 식용, 약용, 염색용, 관상용

주의점 특별히 알려져 있지 않다.

해설 치자나무의 열매는 봉우리가 터지면서 열리지 않는다. 익은 열매를 채집한 뒤 염주처럼 엮어서 통풍이 좋은 장소에서 그늘에 말린 것을 생약에서는 산치자라고 부른다. 가슴 답답함을 동반하는 발열을 잡고 정신을 안정시키는 작용이나 담즙 분비의 조절작용 등이 있으며 진정, 해열, 소염, 지혈, 이담을 목적으로 할 때 처방된다. 발열성 황달이나 눈의 충혈, 코피에도 효과적이다.

열매가 피는 것은 홑겹 치자나무

장마 시기에 5~8cm 크기의 흰 꽃이 핀다.

치커리

Chicory

학명 : *Cichorium intybus*
과명 : 국화과
원산지 : 서아시아, 유럽, 북아프리카
이용부분 : 꽃, 줄기, 잎, 뿌리

치커리의 잎

풍미 희미하게 단 향이 나며, 산뜻한 커피 같은 맛
이용법 식용, 음료용, 원예용, 헬스케어용, 염색용
주의점 특별히 알려져 있지 않다.
해설 치커리의 뿌리줄기에는 비타민과 미네랄이 풍부하며 천연 인슐린이라고 불리는 이눌린 등이 함유되어 있다. 그 때문에 잘게 썬 뿌리를 볶은 치커리 커피는 식욕 증진, 이뇨, 간장을 강화하며 혈당치 하락과 당뇨병 개선에도 효과적이라고 여긴다. 쓴맛이 특징인 잎은 샐러드로, 꽃은 식용 꽃으로 이용한다.

> **서양의 고급 채소 앙디브**
> 늦가을에 잎이 떨어진 나무그루를 용기에 넣어 10℃의 음지에 보관한다. 한 달 정도 뒤에 공 모양으로 겹쳐져서 뭉쳐진 것이 프랑스 요리나 이탈리아 요리에서 사용되는 앙디브가 된다.

아침에 펴서 오후에 지는 하루살이 꽃이다.

카더멈

Cardamon

학명 : *Elettaria cardamomum*
별명 : 소두구
과명 : 생강과
원산지 : 인도, 스리랑카, 말레이반도
이용부분 : 씨

카더멈 파우더

블랙 카더멈. 그린 카더멈과는 근연 다른 종. 월드 카더멈. 네팔 카더멈이라고도 불린다.

풍미 입에 머금으면 찌르는 듯한 장뇌의 향과 쓴맛이 있다.
이용법 식용, 음료용, 약용
주의점 특별히 알려져 있지 않다.
해설 인도에서는 기원전부터 귀중하게 여긴 향신료 중 하나다. '향신료의 왕'이라고 불리는 고추에 이어, 카더멈은 '향신료의 여왕'이라고 불린다. 주로 카레 파우더나 가람 마살라, 푸딩, 아이스크림에 사용하며 아랍의 여러 나라에서는 카더멈 커피로도 사용한다. 스칸디나비아반도의 여러 나라에서는 케이크나 빵에 사용하기도 한다. 아유르베다에서는 가장 안전한 소화 촉진제이며 비장의 활동을 활성화하고 신경 밸런스의 회복에 좋다고 여긴다.

가장 좋은 품질이라고 여겨지는 그린 카더멈

길이 5~10mm의 타원형의 깍지 안에 검은색이나 올리브 갈색의 씨앗이 12~20개 들어 있다. 씨앗에서는 레몬 같은 상큼한 향이 난다. 그린 카더멈을 표백한 화이트 카더멈도 있다.

그린 카더멈

꽃이 핀 뒤에 작은 타원형의 열매가 맺힌다.

카시아 계피

Cassia

학명 : *Cinnamomum cassia*

과명 : 녹나무과

원산지 : 아삼 지방, 미얀마 북부

이용부분 : 나무껍질, 열매, 잎

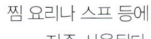

풍미 시나몬에 비교해 향은 강하고 은은한 단맛과 쓴맛이 감도는 떫은맛이 난다.

이용법 식용, 약용

주의점 특별히 알려져 있지 않다.

해설 기원전 2700년의 중국의 식물지에 이미 이 이름이 기재되어 있었으며 가장 오래된 향신료 중 하나로 여겨진다. 단 요리보다 짠 요리와 궁합이 좋다. 특히 중화요리에는 빠질 수 없는 향신료로, 볶음이나 소스의 맛을 낼 때 그대로 다 넣는 경우도 있다. 중국의 대표적인 혼합 향신료인 오향분의 재료로 알려져 있다. 또 여러 나라에서 과일조림이나 초콜릿의 맛을 낼 때에도 사용하고 있다. 강장제 이외에 설사, 구토 등에도 효과적이다.

찜 요리나 스프 등에
자주 사용된다.

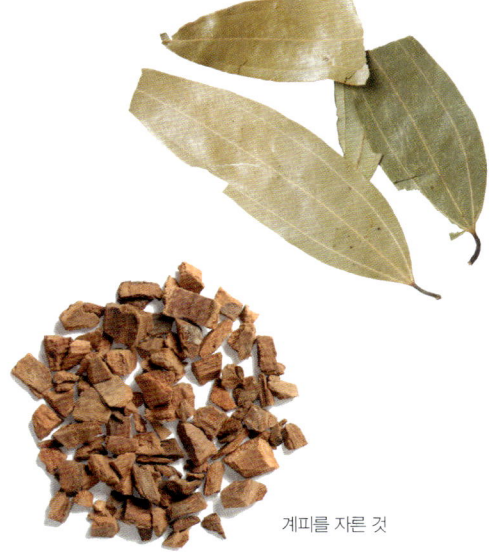

계피를 자른 것

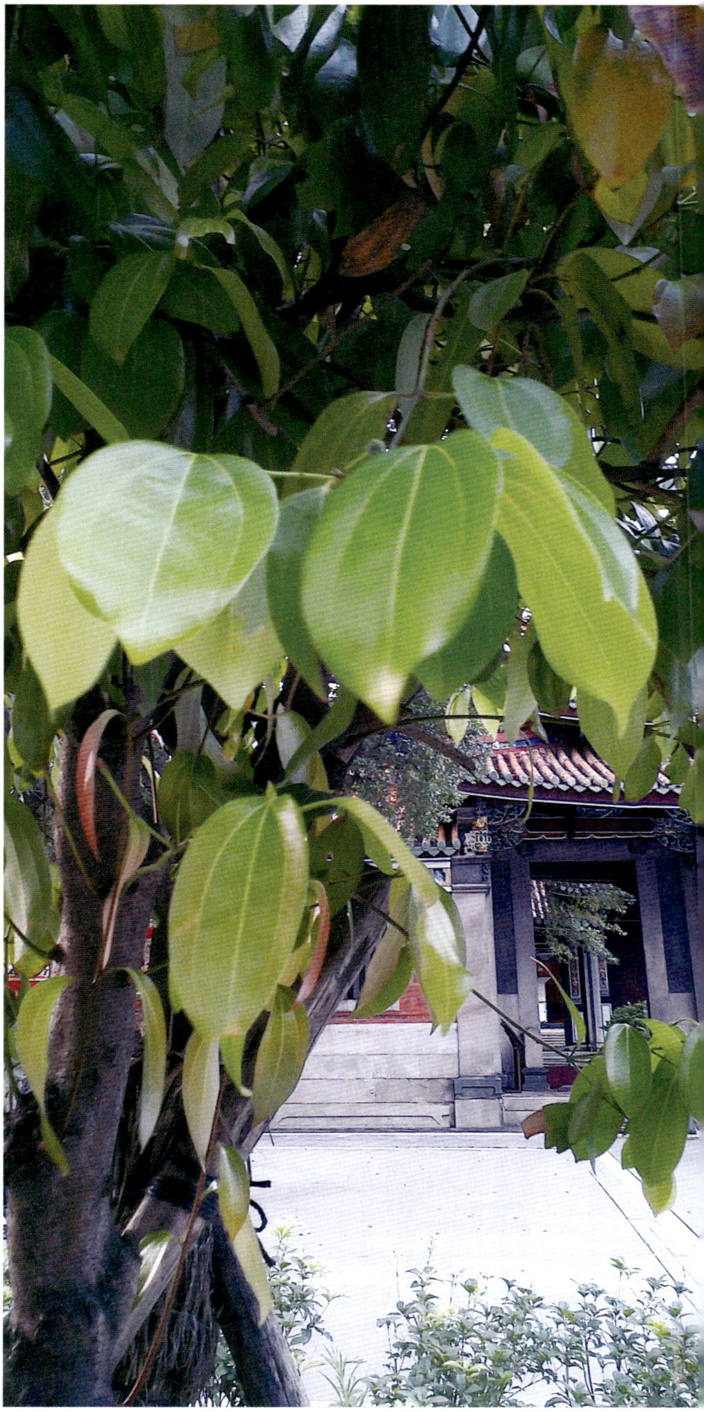

잎은 광택이 있고 크다.

카엔페퍼(칠리고추)
Cayenne pepper

학명 : *Capsicum annuum*
과명 : 가지과
원산지 : 남아메리카
이용성분 : 익은 열매

레드칠리 파우더

풍미 강한 매운맛이 있다.
이용법 식용, 약용, 헬스케어용
주의점 궤양, 위염, 장염, 소화관의 염증, 점막의 염증 등의 증상이 있는 경우에는 사용을 피할 것
해설 빨간 고추의 열매를 건조시킨 것으로, 요리의 맛을 깊게 하지 않고 매운맛만 더할 경우에 사용한다. 또 수육의 잡내를 제거하기 위해서도 사용된다. 카엔은 품종명이 아니라 프랑스령 기아나의 카엔이라는 지명에서 유래한 이름이다. 매운 성분인 캡사이신이 함유되어 있어서 식욕 증진이나 소화 불량에 대한 건위제로 쓰며 말초 혈관의 확장 작용도 있기 때문에 신진대사를 좋게 한다고도 알려져 있다. 고추는 옛날에는 유럽에서 고가였던 블랙페퍼의 대용품으로 보급된 것으로, 콜럼버스가 스페인에 들여온 것이 시초라고 한다. 칠리라고도 불리고 있다.

쥐똥고추
태국의 카엔페퍼. 가장 긴 것이 2~3cm로 작지만 아시아에서 가장 맵다고 한다.

부트 졸로키아
2007년에 세계에서 가장 맵다고 기네스북에도 등록되기도 했다.

멕시코 카엔페퍼
크고 검은 것이 특징. 매운맛뿐만 아니라 단맛이나 쓴맛 등 복잡한 풍미가 있고, 감칠맛이 강하다.

하바네로
강한 매운맛과 함께 상큼한 감귤계의 향도 갖춘 카엔페퍼. 부트 졸로키아의 등장 전에는 기네스북에 등록되어 있었다.

카슈미르 칠리
매운맛이 적은 칠리. 향이 좋아서 인도 카레에서 붉은 색을 내고 싶은 경우에 많이 사용된다.

프릭치파
태국 카엔페퍼. 길이 7~8cm로 크지만, 매운맛은 강하지 않다.

레드칠리 → 말린 칠리
말린 칠리: 레드칠리를 더욱 건조시킨 것

모어 칠리 스몰
말린 칠리를 더욱 건조시킨 것인도나 동남아시아에서 사용되고 있다. 세월이 지날수록 빛이 바래서 오렌지색~흰색으로 변색되어 간다.

허브 활용법 ❽ - 카엔페퍼

1 수제 라유

재료(만들기 쉬운 양)

붉은 고추 – 1개, 참기름 – 1/4컵, 샐러드유 – 1/2컵

A
- 붉은 고추(분말) – 15g
- 말린 새우 – 10g(잘게 썬 것)
- 깨(흰깨) – 10g

B
- 생강 – 1쪽
- 긴 파의 파란 부분 – 10cm

C
- 고추장 – 20g
- 간장 – 작은 숟갈로 2술
- 설탕 – 작은 숟갈로 1술(취향대로)

D
- 튀긴 마늘 – 10g
- 튀긴 양파 – 10g

만드는 방법

1. 그릇에 A를 넣고, 참기름을 큰 숟갈로 1술을 넣고 섞는다.
2. 작은 냄비에 샐러드유, 남은 참기름, 붉은 고추, B를 넣고, 2분 정도 약한 불에 올려서 기름에 향을 옮긴다. 붉은 고추, 생강, 긴 파를 꺼낸 뒤, 기름에서 연기가 조금 날 때까지 센 불에 익힌다.
3. 2를 1에 뜨거울 동안에 2, 3회 나눠서 넣은 뒤, C를 넣고 섞는다. 잔열이 날아가면 D를 넣고 전체를 한데 섞고 병에 넣는다.

* 상온에서 한 달은 보존 가능

2 고춧잎 볶음

재료(만들기 쉬운 양)

고춧잎 – 300g, 뱅어포 – 큰 숟갈로 4술
간장 – 큰 숟갈로 2술, 샐러드유 – 큰 숟갈로 1술

만드는 방법

1. 프라이팬에 샐러드유를 가열하고 고춧잎과 뱅어포를 볶는다.
2. 고춧잎의 숨이 죽으면, 간장을 넣어서 가볍게 볶는다.

３ 매콤한 달걀조림

재료(만들기 쉬운 양)

삶은 달걀 – 6~8개, 코리앤더(고수)(있을 경우에) – 적당량

A
- 물 – 3/4컵, 붉은 고추 – 1개(끝을 자른 것)
- 마늘 – 1/2쪽(갈아 낸 것), 간장 – 큰 숟갈로 2술
- 두반장 – 큰 숟갈로 2술, 맛술 – 큰 숟갈로 2술

만드는 방법

1. 냄비에 A를 넣고 불에 올려, 한 번 끓어오르면 그릇에 옮긴다.
2. 껍질을 벗긴 삶은 달걀에 칼집을 몇 군데 넣어 1에서 하룻밤 재운다. 먹을 때에 잘게 찢은 코리앤더(고수)를 뿌려도 좋다.

４ 사천식 셀러리 샐러드

재료(2인분)

셀러리 – 2개, 소금 – 작은 숟갈로 1술

A
- 샐러드유 – 큰 숟갈로 2술
- 붉은 고추 – 2개(대충 잘게 썬 것)
- 긴 파 – 10cm(대충 잘게 썬 것)
- 소금 – 작은 숟갈로 1술
- 식초 – 큰 숟갈로 1/2술, 설탕 – 큰 숟갈로 1/2술

산초가루 – 약간

만드는 방법

1. 셀러리 줄기는 5mm 두께의 어슷썰기로 슬라이스하고, 잎은 줄기와 크기를 맞춰서 자른다. 그릇에 담고 소금을 쳐서 10분 정도 둔 뒤 수분을 확실히 짜낸다.
2. 프라이팬에 A를 넣고 약불에 올려 향이 날 때까지 지긋이 가열한다.
3. 1을 접시에 담고 2에 올린다. 산초가루를 뿌리고 먹기 전에 잘 버무린다.

카카오(코코아)

Cacao/Cocoa

학명 : *Theobroma Cacao*
과명 : 벽오동나무과
원산지 : 남아메리카
이용부분 : 종자

풍미 희미하게 초콜릿 맛이 나지만 쓴맛이 강하다.
이용법 음료용, 식용
주의점 특별히 알려져 있지 않다.
해설 짙은 노란색으로 익은 열매 속의 씨를 발효, 건조시킨 것을 카카오콩이라 부른다. 오래전부터 카카오에 강장작용이 있다는 것은 알려져 있었지만, 최근에 카카오 파우더에 포함된 식물 섬유나 카카오 폴리페놀이 암이나 동맥경화의 원인인 활성산소의 활동을 억제하는 효과가 있다고 해서 주목받고 있다.

> **초콜릿이 되기까지**
> 카카오 열매의 씨를 발효 건조한 것을 초콜릿이나 코코아의 원료로 사용한다.
> 카카오콩의 껍질과 배아를 제거하고 갈아 으깬 뒤 고체 상태로 뭉친 것이 카카오 매스이며, 여기에 설탕과 카카오콩에 함유되어 있는 지방분인 카카오 버터를 첨가한 것이 초콜릿이다.

굵은 줄기에 직접 열매가 맺힌다.

칼루나

Heath, Heather

학명 : *Calluna vulgaris*
과명 : 진달래과
원산지 : 유럽
이용부분 : 꽃

- **풍미** 희미하게 신맛과 염분이 있고 담백한 풍미
- **이용법** 음료용, 약용, 헬스케어용, 염색용
- **주의점** 특별히 알려져 있지 않다.
- **해설** 유럽이나 북미에 자생하는 상록수이며, 영명인 헤더는 '황야'를 의미한다. 꽃에 함유된 아르부틴은 멜라닌 색소의 합성과 관계되는 효소를 억제하는 작용이 있어서 화장품 등에 쓰인다. 또 방광염이나 요도염 등의 감염증이나 결석 예방 등에 사용된다.

늦가을부터 이듬해 봄에 핑크색 꽃을 피운다.

건조시킨 칼루나

캐러웨이

Caraway

학명 : *Carum carvi*
과명 : 미나리과
원산지 : 서아시아, 유럽
이용부분 : 씨

- **풍미** 부드러운 맛과 은은하게 쓴 단맛
- **이용법** 식용, 약용
- **주의점** 특별히 알려져 있지 않다.
- **해설** 고대부터 사용되었고 유럽에서는 중세부터 재배되어 온 향신료다. 사람이나 사물을 끌어들이는 힘이 있다고 여겨져 최음제의 재료로도 쓰였다고 알려져 있다. 중앙 유럽이나 유대인들의 요리에 자주 사용되며 빵이나 소시지, 사워 크라우트, 수프, 치즈, 과일을 사용한 디저트 등의 맛을 내는 데에 사용된다. 씨에서 얻은 정유는 위를 튼튼하게 하고, 구풍효과 외에도 복통이나 기관지염에 좋다고 알려져 있어서 가글이나 구강 청결 등에도 사용된다. 아유르베다에서는 흥분, 자극작용이 있다고 알려져 있다.

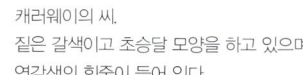

캐러웨이의 씨. 짙은 갈색이고 초승달 모양을 하고 있으며, 연갈색의 힘줄이 들어 있다.

작고 엷은 녹색을 띠는 꽃과 날개 같은 잎을 피운다.

캐모마일

Chamomile

학명 : *Matricaria chamomilla*(저먼종), *Chamaemelum nobile*(로만종)
과명 : 국화과
원산지 : 인도, 유럽에서 서아시아
이용부분 : 꽃

풍미 사과처럼 단 향을 가졌다.
이용법 음료용, 염색용, 원예용, 약용
주의점 특별히 알려져 있지 않다.
해설 '대지의 사과'라는 뜻을 가진 그리스에서 이름이 유래한 캐모마일은 단 향이 특징적이다. 많은 품종이 있지만 대표적인 것은 저먼종(일년초)과 로만종(다년초)이다. 둘 다 데이지와 비슷한 작은 꽃이 피고, 노란색 중심부에 약효 성분이 함유되어 있다. 캐모마일 허브티나 정유는 진정작용과 소화 촉진작용이 뛰어나고 과식, 복통, 감기 증상 등의 개선에 사용되고 있다. 릴랙스작용과 함께 소염작용을 발휘하기 때문에 스트레스에 따른 위염, 위궤양에도 좋다. 불면증이나 신경계 변비, 생리 불순이나 냉증의 개선에도 도움이 된다. 허브티로는 저먼종이 적합하다.

위 – 저먼 캐모마일
아래 – 로만 캐모마일

저먼 캐모마일

로만 캐모마일

데이지와 닮은 꽃(저먼 캐모마일)

허브티의 기본

뜨거운 물 또는 물속에 허브를 담근 뒤 수용성 유효 성분을 추출시킨 것 중에서 마시는 것을 허브티(차제)라고 부른다. 심신의 여러 증상에 부드럽게 작용하는 허브티를 생활에 잘 이용해 보자.

허브를 확실히 살리려면

사용 직전에 잘게 만든다.

잎이 큰 허브 또는 딱딱한 봉오리나 열매는 잘게 썰거나 으깨면 표면적이 늘어나기 때문에 성분이 추출되기 쉬워진다. 단, 으깨면 산화가 진행되기 때문에 사용하기 직전에 으깨자.

허브의 종류나 부위에 맞춰

추출에 필요한 시간은 종류나 부위에 따라 다르다.

- 부드러운 꽃이나 잎 – 약 3~5분간 뜨거운 물에 담근다.
- 뿌리나 씨 같은 딱딱한 부분 – 추출에 시간이 걸리기 때문에 10분 이상 담근다.

  ※ 추출 전에 찬물에 10~20분 담가 두는 방법도 있다.

반드시 뚜껑을 덮는다.

추출 중에는 중요한 휘발 성분이 나오기 때문에, 냄비나 티 포트는 반드시 뚜껑을 덮는다.

효과적으로 마시는 방법

증상에 맞춰서

일반적으로 허브티는 매 식후에 마시는데 이것은 위속에 음식물이 있는 쪽이 유효 성분의 자극이 적고, 온화하게 작용하기 때문이다. 그러나 증상에 따라서는 위가 비어 있는 식간 때나 취침 전에 마시는 쪽이 좋은 경우도 있어서 마실 때에는 효능뿐만이 아니라 마시는 방법을 확인하는 것이 중요하다.

몇 시간 간격으로

허브티의 유효 성분은 주로 수용성이기 때문에, 비교적 단시간에 체내에 대사되어 배설되어 버린다. 그 때문에 유효 성분을 체내에 오래 잡아 두기 위해서는 자주 마시는 것이 포인트다. 매 식후를 기본으로 이른 아침 공복과 저녁, 자기 전을 더해서 하루에 다섯 번 마시는 것이 좋다.

향을 즐기면서

허브티의 유효 성분이 몸 안에서 효과를 발휘함과 함께, 올라오는 정유 성분에 의해 아로마 테라피와 같은 효과도 기대할 수 있다. 향도 즐기면서 마시자.

허브티 끓이는 방법

1

티 포트에 말린 잎을 넣는다.

2

끓는 물을 붓는다. 주전자로 막 끓여 낸 물을 사용하자.

3

티 포트의 뚜껑을 덮고, 그대로 3분 이상 둔다.

4

티 컵에 뜨거운 물을 붓는다. 컵이 데워지면, 물을 버린다.

5

티 포트를 가볍게 흔들어 농도를 균일하게 한 뒤, 컵에 붓는다. 마지막 한 방울까지 부어 넣자.

6

다 부은 뒤, 포트에서 거름망을 떼어 놓으면 2잔째 이후로도 쓴맛이 나오지 않아 맛있게 마실 수 있다.

 **TIP** 추출한 허브티를 보존하는 경우에는 밀폐 용기에 넣어 냉장고에서 보관하자. 마시기 전에는 적절한 온도로 데우면 좋다. 단, 24시간 이내에 다 마셔야 한다.

허브티의 기본 용품

거름망이 달린 컵과 포트
컵은 1인분의 차를 만드는 데에 딱 맞는 사이즈가 좋다. 사람 수가 많을 때나 많이 마시고 싶을 때에는 포트가 편리하다.

밀폐 용기로 보관
허브티의 찻잎은 뚜껑이 꽉 닫히는 밀폐 용기에 넣어 고온 다습이나 해가 닿는 장소를 피해서 보관한다.

아이스 허브티
진하게 끓인 허브티에 얼음을 넣어 아이스티로 즐긴다.

힐링을 위한 허브

잠들기가 힘들다, 위장이 개운하지 않다, 왠지 모르게 기분이 침울하다 등, 오래전부터 이런 증상에 처방되어 온 허브티다. 계속해서 마시면 변화를 실감할 수 있을 것이다. 허브티를 계기로 식사 방식이나 수면 시간 등, 라이프 스타일을 다시 살펴보는 것도 중요하다.

스트레스나 불면증을 위한 허브

매 식후, 하루 세 번 마신다.

유럽피나무(린덴) *Linden*

루틴, 하이페로사이드, 티리로사이드 등의 플라보노이드 배당체가 함유되어 있어서 진정작용과 이뇨작용이 높다. 발한작용도 있어서 초기 감기에도 효과가 있다. 단 향은 정유 성분인 파르네솔이다.

바레리안 *Common valerian*

아세트산 보르닐이나 발레르산이 함유된 정유 성분이나 발레포트리에이트 등의 유효 성분에는 중추신경을 억제하고, 근육의 긴장을 완화하는 효과가 있다. 불안을 풀어 주면서 신경성 수면 장애에도 효과적이다.

추천 허브티 블렌드
유럽피나무(린덴), 저먼 캐모마일, 인카나타 시계초, 바레리안, 오렌지 플라워. 푹 자고 싶을 때에 추천하는 나이트 허브티다.

지친 위장을 위한 허브

저먼 캐모마일과 페퍼민트를 2:1로 혼합한 허브티를 공복에 마신다.

저먼 캐모마일 *Chamomile*

정유 성분인 α-비사보롤이나 카마즈렌, 세스퀴테르펜 락톤류, 아피제닌, 루테올린 등의 플라보노이드가 포함되어 있다. 신경 흥분을 가라앉히고 심신을 릴랙스시키며, 염증을 억제하는 작용이 있어서 스트레스에 따른 위의 통증이나 궤양, 그리고 불면증에도 사용한다.

페퍼민트 *Mint*

l-멘솔, 멘톤, 멘토퓨란 등의 정유 성분과 아피제닌과 루테올린 등의 플라보노이드, 꿀풀과 타닌, 페놀산이 포함되어 있다. 복부 팽만감이나 과민성 장 증후군, 식욕 부진에도 효과적이다.

추천 허브티 블렌드
타임, 레몬그라스, 저먼 캐모마일, 페퍼민트, 재스민. 피로가 쌓여 위장이 개운하지 않을 때에 추천한다.

지친 간에

간에 작용하는 허브티에는 일반적으로 쓴맛이 있는 것이 특징이다.

민들레 *Dandelion*
탄수화물인 이눌린, 타락사스테롤, 페놀산, 쓴 성분인 타락사신 등의 활동에 의해 간을 강화하고 담즙의 분비를 촉진함과 동시에 소화 불량을 개선한다.

밀크티슬 *Milk thistle*
플라보노리그난인 실리마린, 플라보노이드, 리놀레산이나 올레산, 피토스테롤 등이 포함되어 있다. 실리마린에는 간의 세포막을 보호하고 손상을 막는 작용이 있어서 알코올성 간염이나 지방간 같은 간장병 예방이나 치료에 효과적이다.

추천 허브티 블렌드
민들레, 펜넬. 간 피로와 변비에 좋다. 혈액을 깨끗하게 해 주기 때문에 수유기에도 추천한다.

 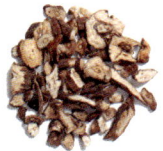  

꽃가루 알레르기의 괴로움을 덜어 주는 허브

알레르기 증상의 완화와 함께 체질 개선작용도 있기 때문에, 겨울이 끝날 무렵부터 마시기 시작하면 효과가 높아진다.

페퍼민트 *Mint*
ℓ-멘솔, 멘톤, 멘토퓨란 등의 정유 성분이 중추신경을 자극해서 기분을 릴랙스시켜 준다. 아피제닌이나 루테올린 등의 플라보노이드는 염증을 진정시키고, 불쾌한 증상을 개선한다. 정유를 사용한 증기 흡입도 효과적이다.

엘더 플라워 *Elder flower*
루틴이나 퀘르시트린 같은 플라보노이드 배당체에는 발한과 이뇨작용이 있고 점액질에는 호흡기의 점막을 보호하는 작용이 있다. 재채기나 콧물 등을 가라앉히는 항카타르작용도 있어서 꽃가루 알레르기나 초기 감기 증상에 효과적이다.

추천 허브티 블렌드
엘더 플라워, 루이보스, 로즈힙, 서양 쐐기풀, 페퍼민트, 아이브라이트, 자주루드베키아톱. 꽃가루가 날리는 계절이 되기 전부터 마시기 시작할 것을 추천한다.

서양 쐐기풀 *Nettle*
플라보노이드인 퀘르세틴, 루틴(배당체), 엽록소, β-시토스테롤 등의 피토스테롤 외에, 미네랄이나 비타민C가 균형 있게 함유되어 있어서 체질 개선 허브로 신뢰를 받고 있다. 초봄의 알레르기를 예방하기 위한 방법으로 많이 마신다.

기분을 진정시키는 허브

불안정한 기분을 진정시키고, 생체 리듬을 바로잡는다.

세인트 존스 워트 *St john's wort*

하이퍼리신이나 소이도 하이퍼리신 등의 지안스론류, 루틴이나 하이퍼사이드 등의 플라보노이드 배당체, 하이퍼폴린에 우울함을 억제하는 작용이 있어서 신경 피로나 경도~중정도의 우울증, 계절성 감정 장애, 월경 전 증후군(PMS)에 도움이 된다.

인카나타 시계초 *Passion flower*

플라보노이드인 아피제닌, 플라보노이드 배당체인 비텍신, 알카로이드인 하만이나 하몰이 함유되어 있어서 정신의 과도한 긴장이나 불안, 그와 동반된 불면이나 두통, 생리통 등을 개선한다.

추천 허브티 블렌드
유럽피나무(린덴), 인카나타 시계초, 서양 쐐기풀, 레몬그라스, 긴장이나 피로를 해복하고 심신을 릴렉스시키는 블렌드, 혈압이나 부종이 신경 쓰이는 분들에게도 추천한다.

장미 *Rose*

시트로넬롤, 게라니올, 페닐 에틸 알코올 등이 함유된 정유 성분에는 호르몬 분비를 조절하고, 여성스러움을 되찾는 힘이 있으면서 정신적인 우울과 불안을 풀어 주는 작용이 있다.

아로마 디퓨저로 방향욕
정유를 데우거나 미스트로 만들어서 퍼트린 후, 휘발성 성분을 공기 중에 방출해서 효과를 얻는 것을 방향욕이라고 한다. 심신에 대한 효과 외에, 공기 정화작용도 있다.

캐비지 로즈
Cabbage rose Provence rose

학명 : *Rosa centifolia*
과명 : 장미과
원산지 : 모로코
이용부분 : 꽃

- **풍미** 달고 부드러운 향이고, 담백한 맛
- **이용법** 음료용, 헬스케어용, 관상용
- **주의점** 특별히 알려져 있지 않다.
- **해설** 장미과의 허브로 올드 로즈(원종 장미)의 한 무리다. 장미는 예로부터 '피부와 영혼'에 좋다고 알려져 약용 허브로 취급되어 왔다. 가슴 두근거림, 스트레스, 불면증 등에도 효과가 있는 정신 강장 허브로 여겨지고 있다. 또 호흡기계질환인 천식이나 기관지염, 기침 등에도 사용된다. 아유르베다에서는 혈액 정화, 월경 촉진, 신경 조절 등에 작용한다고 여겨지고 있다.

달고 매혹적인 향

학명인 centifolia는 '100장의 꽃잎'이라는 의미를 가지고 있다.

캐퍼라임
Kaffir lime

학명 : *Citrus hystrix*
과명 : 운향과
원산지 : 동남아시아
이용부분 : 잎, 껍질

- **풍미** 레몬과 비슷한 상큼한 향과 풍미
- **이용법** 식용
- **주의점** 특별히 알려져 있지 않다.
- **해설** 태국과 인도네시아에서는 생 혹은 건조시킨 열매의 껍질이나 잎이 요리에 사용되고, 닭고기나 생선 요리에 첨가하면 독특한 풍미가 생긴다. 똠얌꿍이나 태국 카레에는 빠질 수 없는 향신료다. 레몬이나 레몬그라스, 라임 껍질 등으로도 대용할 수 있지만 풍미는 조금 다르다. 살균과 방부작용이 있으며, 고기의 잡내 제거에 사용하는 것 외에 민간약으로 복통이나 회충에도 효과가 있다고 알려져 있다.

잎은 2장의 잎을 이은 것 같은 형상이다.
태국의 레드 카레에는 빠질 수 없다.

요리에는 쓴맛이 있는 껍질을 사용하는 경우도 있다.

캠포페리아 가랑갈(산내자)
Kaempferia galanga, Kencur, Wild turmeric

학명 : *Kaempferia galanga*
과명 : 생강과
원산지 : 태국, 말레이시아
이용부분 : 뿌리줄기

방향이 있는
노란색 뿌리줄기

풍미 상쾌한 풍미이지만 맛이 강하다.
이용법 식용, 약용
주의점 특별히 알려져 있지 않다.
해설 인도네시아에서 사용되는 향신료다. 특히 자바 요리나 발리 요리에는 빼놓을 수 없다. 리프레시 효과가 높은 것으로 알려진 인도네시아의 헤벨 드링크 '자무(jamu)'의 재료로도 사용되고 있다. 한방에서는 코나 목 등의 점막의 염증, 호흡질환 등에 처방하는 경우도 있다.

길이는 10cm 정도, 땅에 기듯이 잎을 펼친다.

캣닢
Catnip

학명 : *Nepeta cataria*
과명 : 꿀풀과
원산지 : 유럽, 서남아시아
이용부분 : 꽃, 줄기, 잎

잎은 거친 톱니 모양의 달걀형이며
부드러운 털로 뒤덮여 있다.

풍미 민트 계열의 향이 있으며 약간 떫은맛
이용법 음료용, 식용, 미용건강용, 염색용
주의점 임신 중에는 피할 것. 아이들에게는 사용하지 말 것
해설 고양이가 좋아하는 냄새 성분인 네페탈락톤이 함유되어 있으며, 많은 고양이들이 도취 상태가 되기 때문에 고양이가 취하는 허브로 알려져 있다. 잎과 꽃에는 강한 발한작용이 있어서 초기 감기에 차로 만들어 음용한다. 또 졸음을 부르는 작용도 있어서 정신 안정, 두통, 소화 촉진 등에도 효과적이라고 알려져 있다. 자주 혼동되는 캣민트(Nepeta mussinii)는 캣닢 중 다른 품종이다. 향은 약간 온화해서 고양이를 끌어당기는 일은 그다지 없지만, 라벤더색의 꽃이 아름다워서 정원의 가장자리를 꾸미는 데에 사용하는 일이 많다.

줄기 선단에 흰색과
연보랏빛 꽃을 피운다.

꽃봉오리가 맺히면
풀 전체를 채취해서 건조시킨다.

캣츠 클로
Cat's claw

학명 : *Uncaria tomentosa*
과명 : 꼭두서니과
원산지 : 아마존 오지의 열대 우림
이용부분 : 뿌리, 나무껍질, 잎

갈고리 모양의 발톱 같은 날카로운 가시가 있다.

풍미 냄새는 거의 없지만, 상당히 쓰다.

이용법 약용, 음료용

주의점 피부 이식이나 장기 이식을 한 환자, 호르몬 요법이나 인슐린을 투여하고 있는 환자, 특정 백신을 사용하고 있는 환자, 3세 이하의 소아에게는 사용하지 말 것. 또 임신 중, 수유 중에도 사용하지 말 것

해설 캣츠 클로(고양이 발톱)라는 이름은 잎이 달린 부분에 고양이 발톱같이 휘어진 날카로운 가시가 있는 것에서 유래했다. 잉카제국 시대부터 류머티즘 등의 병에 대한 전승약으로 이용되었고, WHO(세계보건기관)에서도 류머티즘이나 관절염 등 심한 고통을 동반하는 염증에 효과가 있으며 부작용이 적은 항염증제로 인정하고 있다. 현기증이나 두통을 진정시키고 혈압을 내리는 작용이 있다고 알려져 있다.

나무껍질을 자른 것

캣츠 휘스커(고양이 수염)
Kumis kuting

학명 : *Orthosiphon aristatus*
과명 : 꿀풀과
원산지 : 열대 아시아
이용부분 : 잎, 줄기

풍미 향은 거의 없고, 약간 쓴맛이 있다.
이용법 음료용, 약용
주의점 특별히 알려져 있지 않다.
해설 인도네시아나 말레이시아에서는 옛날부터 '신장(콩팥)의 차'라고 불렀으며 이뇨작용이 높을 뿐만 아니라 나트륨, 염소, 요산 등의 배설도 높이는 효과가 있다. 또 요로의 세균 감염증이나 염증 등에 약제로도 사용되고 있다.

꽃에는 고양이의 수염 같은 수술이 있다.

커리 리프
Curry leaf

학명 : *Murraya koenigii*
과명 : 운향과
원산지 : 인도
이용부분 : 잎

건조시킨
커리 리프

풍미 다지면 카레와 비슷한 독특한 향이 난다.
이용법 식용
주의점 특별히 알려져 있지 않다.
해설 남인도 및 스리랑카에 원생하며 그 땅에서는 빼놓을 수 없는 향신료다. 많은 가정에서 자가 재배를 하고, 특히 채식주의자 요리에 사용하는 일이 많다. 스타터 스파이스(데운 기름에 처음 넣어서 향을 내는 것)로 커민 등과 함께 사용되고 있다. 요리에는 말린 것보다 생을 추천한다. 말린 것을 사용하는 경우, 생으로 사용할 때보다 2~3배의 양이 필요하다.

카레와 감귤류를 합친 듯한 자극적인 향미가 있다.

커리플랜트
Curry plant

학명 : *Helichrysum angustifolium*
과명 : 국화과
원산지 : 남유럽
이용부분 : 꽃, 줄기, 잎

풍미 카레 향, 쓴맛이 강하다.
이용법 향료용, 식용, 약용, 관상용, 원예용, 공예용
주의점 잎을 직접 먹으면 위 상태에 변화를 일으킬 수 있다.
해설 잎에서 카레 같은 향이 나기 때문에 커리플랜트라고 하지만 카레 가루의 원료는 아니다. 꽃을 건조시켜서 차제로 만들면 정신 안정이나 피로 회복 작용 등이 있어서 가벼운 우울증에도 사용된다. 또 말리면 벌레 퇴치와 방취효과도 있다고 한다.

줄기와 잎은 은회색 털로 덮여 있다.

커민
Cumin

학명 : *Cuminum cyminum*
과명 : 미나리과
원산지 : 이집트
이용부분 : 씨

올 시드(All seed)

풍미 약간 진하고 강한 향이 나며 살짝 쓴맛과 고소하고 깊은 맛

이용법 식용, 약용

주의점 특별히 알려져 있지 않다.

해설 세계적으로 쓰는 대표적인 향신료 중 하나다. 인도에서는 사용하기 전에 볶아서 맛을 끌어올린 뒤에 사용하는 경우도 있다. 코리앤더(고수)와 궁합이 좋고, 진하게 볶을수록 고소함이 증가한다. 혼합 향신료에는 빼놓을 수 없는 재료로 샐러드나 피클, 양념으로도 사용하고 있다. 향의 주성분은 쿠민알데히드이다. 아유르베다에서는 설사나 복부 팽창, 소화 불량 등에 좋다고 알려져 있다.

씨가 노란색으로 변하기 시작한 커민

🌿 **씨**
길이 5~6mm의 타원형으로 세로로 힘줄이 있고, 빳빳한 털이 조금 나 있다.

🌿 **카레 파우더**
커민은 카레 파우더로 사용하는 주요 재료 중 하나이다.

🌿 **파우더**
커민을 분말로 만든 것. 코리앤더(고수)의 향과 함께 인도 요리 특유의 독특한 풍미를 낸다.

🌿 **식물의 분포**
원래는 나일강 상류에 원생하고 있었지만 차츰 북아프리카나 인도, 인도네시아, 중국 등에서 재배하게 되었다. 북아프리카에서 스페인을 건너 미국으로 들어갔다.

🌿 **특징과 수확**
더운 기후에 적합한 일년생 식물로 높이는 약 30cm가 되며 무성해진다. 씨가 노란색이 되기 시작하면 줄기를 베어 내고, 씨를 털어 내서 햇볕에서 건조시킨다.

세계적으로 사랑받고 있는 향신료
북아프리카의 혼합 향신료 '라세라누'에도 사용되며, 양고기로 만든 메르게즈 소시지나 쿠스쿠스 요리에도 사용된다. 동쪽 아랍의 여러 나라와 터키에서는 분말로 만든 커민을 저민 고기 요리나 채소 요리에 넣는다. 미국의 텍사스주에서는 칠리 콘 카네에도 사용한다.

키위와 민트 요거트 샐러드를 만드는 방법

좋아하는 과일이나 채소를 잘게 잘라 커민과 민트의 풍미를 살린 요거트 샐러드. 인도에서는 일반적인 메뉴이다.

재료(4인분)

- 키위 – 3개, 민트 – 10g, 요거트 – 2컵
- 생크림 – 큰 숟갈로 1술
- 레드 어니언(잘게 썬 것) – 1/2개
- 풋고추 – 2개, 소금 – 작은 숟갈로 1/3술
- 후추 – 1/4, 설탕 – 작은 숟갈로 1/2술
- 커민 홀 – 작은 숟갈로 1/3술, 토핑 – 민트잎 조금

사용하는 향신료 & 허브

커민 / 민트

만드는 방법

1. 커민 홀을 볶은 뒤(태우지 않도록 주의!), 절구 같은 것을 이용해서 분말로 만든다.
2. 키위는 껍질과 심을 제거하고 8등분으로 자른다. 민트, 레드 어니언, 풋고추를 잘게 썬다.
3. 그릇에 2와 요거트, 생크림, 소금, 후추, 설탕, 1을 넣고 잘 섞는다. 접시에 잘 담은 뒤 장식용 민트잎을 얹는다.

포인트

태우지 않도록 주의하면서 커민의 씨를 프라이팬으로 볶고, 정성을 들여 으깨는 것이 비결이다. 감자나 병아리콩(이집트콩) 등 레시피 재료 이외의 과일이나 채소로도 맛있게 만들 수가 있다.

컴프리

Comfrey

학명 : *Symphytum officinale*
과명 : 지치과
원산지 : 유럽, 서아시아
이용부분 : 줄기, 잎, 뿌리

풍미 은은하게 달고 담백하다
이용법 원예용, 약용, 식용, 헬스케어용, 염색용
주의점 임신 중, 수유 중에는 피할 것. 장기간 복용을 피할 것. 간 장애나 외상이 있을 때는 피할 것
해설 유럽에서는 오래전부터 뿌리나 잎을 타박상이나 염좌, 골절, 관절염 등을 치료하는 외용약으로 이용해 왔다. 그러나 뿌리나 잎에는 간 독성의 위험성이 있다고 해서 2004년부터 컴프리가 함유된 식품의 제조, 판매, 수입을 주의하고 있다. 아유르베다에서는 체내외 조직의 성장을 촉진하고 병에 걸리거나 부상당한 부위를 치료하는 가장 좋은 약 중 하나로 알려져 있다.

소박하지만 아름다운 꽃을 피운다.

높이 1m 정도까지 자라며 번식력이 강하다.

코리앤더(고수)
Coriander

학명 : *Coriandrum sativum L.*
별명 : 샹차이(香草), 팍치
과명 : 미나리과
원산지 : 지중해 지방
이용부분 : 씨, 잎, 줄기, 뿌리

풍미 잎, 줄기, 뿌리, 덜 익은 열매는 향이 강하지만, 익은 열매는 달고 자극적인 향이 된다.
이용법 식용, 약용
주의점 특별히 없다.
해설 독특하고 강한 향을 가진 잎, 줄기, 뿌리는 태국이나 베트남 요리에는 빠질 수 없는 허브로, 소화 촉진효과가 있다고 알려져 있다. 단 향이 나는 씨는 요리에 폭넓게 사용되며 카레 분말에도 빼놓을 수 없는 향신료다. 중근동 지역에서는 저민 고기나 달걀 요리, 콩찜에 사용하며 유럽과 미국에서는 피클과 마리네용 향신료로 인기가 있다. 씨와 정유는 두통을 덜어 주며 소화 불량의 개선에 도움이 된다고 여겨진다.

코리앤더(고수) 홀
직경 3~4mm의 작은 원형이며 표면에 힘줄이 있다. 모로코산이 많이 나돌고 있다. 인도산은 향에 단맛이 있다.

코리앤더(고수)의 잎
중근동 지역이나 중남미, 아시아 등에서는 요리의 향을 내는 데나 장식에 사용한다.

코리앤더(고수) 파우더
씨는 쉽게 부서지기 때문에, 가정에서도 간단하게 저며서 분말로 만들 수 있다. 인도에서는 볶아서 향을 끌어올린 뒤에 가루로 저민다.

오렌지와 비슷한 단 향을 가진 씨는 카레는 물론 처트니, 라타투유, 살사소스, 피클에 사용되는 한편, 애플파이, 시폰 케이크 등의 풍미를 내는 데에도 사용된다.

🌿 역사 있는 향신료
여러 해에 걸쳐 인류에게 사랑받아 온 향신료로 이미 기원전 1550년의 의학서 '에베루스 파피루스'나 산스크리트의 서적 등에도 요리법이나 약으로서의 사용 방법이 적혀져 있다.

🌿 특징과 수확
햇볕을 좋아하고, 흰색 또는 핑크색 꽃을 피운다. 높이 30~80cm 정도가 되는 일년성 식물이다. 열매가 익으면 줄기째 수확해서 충분히 건조시킨 뒤에 봉투 등에 넣어서 보관한다.

허브 활용법 ❾ - 코리앤더(고수)

1 새싹과 새우 샐러드

재료(2인분)

코리앤더(고수) –15g, 새싹 – 1~2팩(50~100g)
새우 – 8마리, 소금과 후추 – 각각 조금씩
A ┌ 마늘 – 1조각, 타임(향신료) – (있다면)1가지
  └ 샐러드유 – 적당량
B ┌ 화이트 와인 비니거, 올리브 오일 – 큰 숟갈로 1술
  └ 소금 – 작은 숟갈로 1/2술, 후추 – 조금

만드는 방법

1. 새우는 껍질을 벗기고, 등 쪽에 살짝 칼집을 넣고 내장을 뺀 뒤 소금과 후추를 친다.
2. 프라이팬에 A를 넣고 약불로 익힌다. 향이 올라오면 1을 넣고 중불에서 양면을 굽는다.
3. 코리앤더(고수)의 잎은 쌓고, 줄기는 적당히 잘게 썬다.
4. 그릇에 새싹과 2와 3을 넣고, 한데 섞은 B를 넣어 살짝 버무린다.

❷ 콩나물과 미역 나물 샐러드

🥣 재료(2인분)

코리앤더(고수) – 15g, 콩나물 – 120g
미역(염장한 것) – 15g, 깨(흰색) – 적당량

A ┌ 간장, 쌀식초 – 각각 큰 숟갈로 1술
  │ 마늘 – 1조각(간 것)
  └ 소금과 후추 – 각각 조금씩, 참기름 – 큰 숟갈로 3술

🔥 만드는 방법

1. 콩나물은 수염뿌리를 제거한 뒤, 데쳐서 소쿠리에 올리고 소금(분량 외)을 쳐서 식힌다. 미역은 물에 불린 뒤 뜨거운 물을 휙 뿌리고 먹기 쉽게 자른다.
   코리앤더(고수)는 잎 끝의 소량을 그릇에 담기 좋게 떼어 놓고, 남은 부분은 큼직하게 썬다.
2. 그릇에 1을 넣고 한데 섞은 A를 더해서 잘 버무린다.
3. 접시에 담고, 코리앤더(고수)를 올린 뒤 깨를 뿌린다.

❸ 토마토와 두부튀김을 넣은 아시아풍 샐러드

🥣 재료(2인분)

코리앤더(고수) – 15g(큼직하게 썬 것), 미니 토마토 – 4개
두부튀김 – 1장, 생강 – 1개, 땅콩 – 25g(잘게 썬 것)

A ┌ 샐러드유 – 큰 숟갈로 2술
  │ 남플라 – 큰 숟갈로 2술
  └ 소금 – 조금

🔥 만드는 방법

1. 토마토는 세로로 반으로 자르고 꼭지를 딴 뒤, 빗살무늬로 자른다.
2. 두부튀김은 2cm로 자르고, 오븐 토스터로 노릇노릇하게 굽는다.
3. 생강은 세로로 반으로 자른 뒤에 얇게 어슷썰기를 한다. 물에 넣었다가 물기를 뺀다.
4. 그릇에 코리앤더(고수), 1, 2, 3과 땅콩을 넣고, A를 더해서 버무린다.

4 매콤한 무말랭이 샐러드

재료(2인분)

코리앤더(고수) – 20g, 무말랭이 – 50g

A ⎡ 간장 – 큰 숟갈로 1술, 식초 – 큰 숟갈로 1술
  ⎣ 두반장 – 작은 숟갈로 1/2술, 소금 – 조금

오이 – 1개, 양파 – 20g, 마요네즈 – 큰 숟갈로 2술

만드는 방법

1. 무말랭이는 살짝 씻고 냄비에 가득 부운 물에 넣은 뒤, 불에 올린다. 펄펄 끓으면 소쿠리에 올려서 물기를 빼고 길면 잘라서 A로 버무린다.
2. 오이는 얇게 어슷썰기를 한 뒤에 채를 친다.
3. 코리앤더(고수)는 잎 끝의 소량을 그릇에 담기 좋게 떼어 놓은 뒤, 남은 부분은 큼직하게 썬다.
4. 1이 식으면 2, 3과 마요네즈를 더해서 버무린다.
5. 접시에 담고, 양파를 얇게 썰어 코리앤더(고수)와 함께 그 위에 올린다.

5 강낭콩 마리네 샐러드

재료(만들기 쉬운 분량)

코리앤더(고수) – 10g, 붉은 강낭콩(물에 익힌 것) – 130g
병아리콩(물에 익힌 것) – 200g, 푸른 완두콩(물에 익힌 것) – 70g
오이 – 1개(1cm 간격으로 자른다)
셀러리 – 6cm(1cm 간격으로 자른다)

A ⎡ 식초, 올리브 오일 – 각각 큰 숟갈로 2술
  ⎢ 레몬즙 – 작은 숟갈로 1술
  ⎣ 마늘 – 1조각(간 것), 소금 – 작은 숟갈로 1/2술

만드는 방법

1. 코리앤더(고수)는 잎 끝을 떼고, 줄기는 잘게 썬다.
2. 그릇에 A를 넣고 한데 섞은 뒤, 모든 재료를 더해서 섞는다.
3. 보관병에 넣어 냉장고에서 보관한다.

   ※ 보존 기간의 기준은 3~4일이다.
     시판되고 있는 단맛이 나는 콩으로도 만들 수 있다.

코스투스

Spiral ginger

학명 : *Costus speciosus*
과명 : 생강과
원산지 : 중남미, 멕시코, 코스타리카
이용부분 : 뿌리줄기, 줄기, 꽃

- **풍미** 머스크와 비슷한 향
- **이용법** 약용, 관상용
- **주의점** 특별히 알려져 있지 않다.
- **해설** 중남미가 원산지인 상록 다년초로 잎이 줄기를 나선 모양으로 에워싸듯이 핀다. 빨간 화포는 꽃이 아니라 잎이 변형된 것이다. 꽃은 줄기의 선단에 수상꽃차례로 피는데, 하얀색이며 중심이 노란색이다. 아유르베다에서는 뿌리줄기는 천식이나 기관지염, 발진, 염증성 병을 진정시킨다고 알려져 있다. 카마수트라에서도 사용되고 있다. 인도의 케랄라주에서는 관상용 식물로도 키운다.

건조시킨 뿌리줄기

코스트마리

Costmary, balsam herb, alecost, costum

학명 : *Tanacetum balsamita*
과명 : 국화과
원산지 : 유럽, 서아시아
이용부분 : 잎, 꽃, 줄기

- **풍미** 민트와 레몬을 합친 듯한 발삼향
- **이용법** 음료용, 식용, 헬스케어용, 공예용
- **주의점** 특별히 없다.
- **해설** '향기와 맛이 있는 약초'라는 의미의 라틴어 '코스티스'에서 코스트마리의 이름이 붙여졌다. 옛날에는 맥주의 향을 내는 데에 사용했다. 건조시킨 잎은 달고 자극적인 향이 나서 방충효과가 있기 때문에 포푸리나 사쉐로 만들어서 사용한다. 또 잘게 썬 잎의 소량을 요리의 맛을 내는 데에도 사용한다. 입욕제로도 향을 즐길 수 있다.

꽃은 관상화와 설상화 모두 노란색이다.

콜라 너트
Kola nut

학명 : *Cola*
과명 : 벽오동과
원산지 : 아프리카 열대 우림
이용부분 : 씨

풍미 쓴맛과 떫은맛이 있다.
이용법 음료용, 식용, 헬스케어용
주의점 많은 양 또는 장기간 사용은 불가. 임신 중, 수유 중에는 피할 것. 고혈압, 위·십이지장궤양이 있는 경우에는 사용하지 말 것
해설 콜라나무의 씨를 콜라 너트라고 부르며, 탄산음료인 콜라는 그 진액을 사용한 것에서 이름이 붙었다. 콜라 너트는 밤 열매 정도의 크기로, 씹어 으깨서 즐기는 기호품으로 사용된다. 카페인이 함유되어 있기 때문에 흥분제효과가 있는 한편, 떫은맛 때문에 일시적으로 공복감을 줄이는 경우도 있다.

기호품으로 여겨지는 콜라 너트. 크기는 4cm 정도다.

일반적으로 마시는 콜라는 캐러멜 색소로 착색되어 있다.

큐베브
Cubeb

큐베브의 열매

학명 : *Piper cubeba*
별명 : 쿠베바
과명 : 후추과
원산지 : 인도네시아
이용부분 : 열매

풍미 송진 같은 자극적인 향이 나며 날카로운 매운맛이 있다.
이용법 식용, 약용
주의점 특별히 알려져 있지 않다.
해설 모로코의 혼합 향신료나 북아프리카의 혼합 향신료인 '라세라누'와 인도네시아 요리에 사용되고 있다. 올스파이스와 비슷한 맛과 향이 나며 고기나 채소를 사용한 요리와 잘 맞는다. 그 모습 때문에 '꼬리 달린 페퍼'라고도 불리며, 페퍼의 대용으로도 사용된다. 오래전부터 약으로도 사용되었고, 호흡을 편하게 만드는 효과가 있다고 해서 아시아에서는 약용으로 여기고 있다. 아유르베다에서는 흥분, 자극작용, 구풍작용, 거담작용이 있다고 알려져 있다.

열매는 이삭 모양이며 딱딱해지면서 맷힌다.

크랜베리
Cranberry

학명 : *Vaccinium macrocarpon*
과명 : 진달래과
원산지 : 유럽, 북미
이용부분 : 열매, 씨

크랜베리의 열매

풍미 은은하게 달콤한 맛
이용법 음료용, 식용, 약용, 헬스케어용
주의점 특별히 알려져 있지 않다.
해설 오래전부터 방광염, 요도염, 요로 결석 등의 방지에 도움이 된다고 알려져 있다. 또 열매에 함유되어 있는 안토시아닌은 눈의 트러블을 개선하고 망막의 피로를 회복하는 작용이 있다. 안토시아닌은 항산화작용이 높기 때문에 면역력을 높이는 작용도 있다.

크랜베리의 열매
크랜베리의 열매는 1~2cm 크기의 원형이며, 껍질은 백색에서 익으면서 빨갛게 된다. 열매 속에는 공동이 4개 있고, 과육은 유백색을 띠고 있다. 생식도 할 수 있지만 주스나 잼으로 사용하는 경우가 많다.

가시가 있는 덩굴성 식물로
지면을 기듯이 뻗으며 열매가 한쪽 면에 맺힌다.

타라곤
Tarragon

학명 : *Artemisia dracunculus*
과명 : 국화과
원산지 : 시베리아, 북아메리카, 남유럽
이용부분 : 줄기, 잎

풍미 아니스와 비슷한 단 향이며, 약간 쓴맛이 있다.

이용법 음료용, 식용, 헬스케어용, 공예용

주의점 특별히 알려져 있지 않다.

해설 프랑스 요리의 대표 허브다. 타라곤에는 프렌치 타라곤과 러시안 타라곤 2종류가 있다. 요리에는 향이 좋은 프렌치 타라곤이 사용되며 고기, 생선, 달걀, 토마토 요리의 풍미를 내는 데에 이용된다. 식욕 증진과 위를 튼튼히 하는 효과, 강장작용이 있다.

잎은 가늘고 아름답다.

러시안 타라곤의 드라이 허브

프렌치 타라곤의 드라이 허브

타마린드
Tamarind

학명 : *Tamarindus indica*
과명 : 콩과
원산지 : 아프리카
이용부분 : 열매

풍미 은은하게 단 향과 과일 향 같은 상쾌한 신맛이 난다.

이용법 식용, 약용, 염색용

주의점 특별히 알려져 있지 않다.

해설 동남아시아에서는 요리에 신맛을 더하는 조미료로 사용한다. 인도에서는 삼발(렌틸콩과 채소 스튜), 라삼(렌틸콩 스프), 처트니 등에 사용하며 태국에서는 똠얌꿍 등의 수프에 넣는다. 완하제 역할을 하기 때문에 아유르베다에서는 이질, 장의 병 등에 처방한다. 비타민이 풍부하고, 간장이나 신장에도 좋다고 여기고 있다.

타마린드 깍지 홀

타임
Thyme

학명 : *Thymus vulgaris*
과명 : 꿀풀과
원산지 : 유럽, 북아프리카, 아시아
이용부분 : 잎, 꽃

타임 홀

방향을 가진 다년생 식물인 타임

`풍미` 묵직하고 시원시원한 향과 쌉싸름한 맛
`이용법` 식용, 음료용
`주의점` 임신 중이나 고혈압인 사람은 장기간 상용과 대량 사용을 피할 것
`해설` 여러 허브들 중에서 가장 항균력이 강한 허브다. 이름은 그리스어인 'thyo(좋은 향기)', 'thyein(향기나게 하다)'에서 유래했다. 같은 그리스어로 '용기'라는 뜻인 'thymos'에서 유래했다는 설도 있다. 정유 성분인 티몰이나 카바크롤에는 항균이나 방부효과가 있어서 소시지나 피클, 소스 등의 보존 음식에 자주 사용한다. 고기, 생선, 야채 등 어떠한 식재료와도 궁합이 좋고 열을 가해도 향이 변하지 않기 때문에 찜 요리에도 적합하다. 허브티에는 가래를 제거하거나 알레르기성 비염을 완화하는 작용이 있으며, 위장의 작용을 활발하게 하고 소화를 촉진하며 두통이나 우울증 등의 신경계질환이나 피로 회복에도 도움이 된다.

타임의 꽃

탄지
Tansy

학명 : *Tanacetum vulgare*
별명 : 아타나시아
과명 : 국화과
원산지 : 유럽
이용부분 : 씨, 꽃, 줄기, 잎

탄지의
드라이 허브

풍미	독특하고 강한 냄새
이용법	관상용, 염색용, 공예용, 방충용
주의점	약한 독성이 있기 때문에 식용은 하지 말 것. 임신 중에는 사용하지 말 것

해설 독특하고 강한 향에는 방충효과가 있기 때문에 서양에서는 부엌의 입구에 심어서 개미 등의 벌레 퇴치에 사용해 왔다. 줄기나 잎을 체내 기생충에 대한 구충제로 사용했던 적도 있지만 독성이 있기 때문에 현재는 포푸리나 화환, 드라이플라워의 배색을 할 때의 염색용 허브로만 사용되고 있다.

버튼 모양의 노란색 꽃을
여러 개 피운다.

털머위
Japanese silver leaf

학명 : *Farfugium japonicum*
과명 : 국화과
원산지 : 일본, 중국 남부, 대만
이용부분 : 꽃, 줄기, 잎, 뿌리

풍미 푸른 잎의 냄새가 강하며 쓴맛이 있다.
이용법 식용, 약용, 헬스케어용, 관상용
주의점 특별히 알려져 있지 않다.
해설 털머위라는 이름은 잎이 둥글며 머위처럼 보이고 윤기가 있는 특징에서 유래했다. 오래전부터 잎에 강한 항균작용을 가지고 있어서 찜질약으로 외상에 이용하는 일도 있었다.

요리할 때는 물에 담가서 쓴맛을 누그러뜨린다.

톱야자(쏘팔메토)
Saw palmetto

학명 : *Serenoa repens*
과명 : 야자과
원산지 : 북미
이용부분 : 열매

풍미 발효성 향, 맛은 거의 없다.
이용법 음료용, 약용, 헬스케어용
주의점 드물게 위장 장애 보고가 있다.
해설 북미 원주민들이 '식물성 카테터(도뇨관)'로 사용해 온 것처럼, 남성의 전립선염이나 전립선 비대에 의한 잔뇨감이나 빈뇨의 개선 등에 사용된다. 아유르베다에서는 남녀를 불문하고 회춘작용이 있는 강장제로도 취급하고 있다.

톱야자의 열매

잎꼭지에는 날카롭고 자잘한 가시가 있다.

티트리
Tee tree

학명 : *Melaleuca alternifolia*
과명 : 도금양과
원산지 : 오스트레일리아
이용부분 : 줄기, 잎

풍미 예민하고 스파이시한 향이 강하게 난다.
이용법 약용, 헬스케어용, 공예용, 원예용
주의점 특별히 알려져 있지 않다.
해설 티트리는 항균작용이나 정신 안정작용이 강해서 독감 등의 감염증의 예방이나 꽃가루 알레르기 대책으로서 증기 흡입을 하는 데에 티트리의 정유가 사용된다. 또 국소 해독약이나 여드름 로션, 비듬용 샴푸, 찜질제 등으로도 사용된다.

티트리는 8m 높이까지 성장한다. 흰색 꽃이 밀집해서 핀다.

파슬리(컬리 파슬리)
Parsley

학명 : *Petroselinium crispum*
과명 : 미나리과
원산지 : 지중해 연안
이용부분 : 줄기, 잎

풍미 독특한 풋내, 쓴맛과 매운맛이 있다.
이용법 식용, 음료용, 약용, 원예용
주의점 임신 중에는 사용하지 말 것. 염증을 동반한 신장병에는 사용하지 말 것
해설 양식에서 장식으로 곁들여지는 허브로 친숙하다. 주로 이용되는 부분은 곱슬곱슬한 잎 부분으로 강한 풋내와 쓴맛을 가지고 있다. 비타민A인 카로틴, 비타민C, 칼슘, 철분 등이 풍부하며 피부 미용, 빈혈 예방, 생리 불순 등에 효과적이라고 여겨진다. 평평한 잎을 가진 이탈리안종은 부드러운 풍미로 인기가 있다.

건조시킨 파슬리잎

파슬리꽃

판다누스

Screwpine

학명 : *Pandanus odoratissimus*
과명 : 판다누스과
원산지 : 남아시아
이용부분 : 잎

판다누스의 잎

판다누스의 가지

풍미 밥을 지을 때와 같은 향, 조릿대 같은 향
이용법 식용, 공예용
주의점 특별히 알려져 있지 않다.
해설 말레이시아와 태국, 인도네시아에서는 굉장히 대중적인 나무로 처마 끝에서 자주 발견된다. 향미 같은 정겨운 향이 있어서 쌀 요리나 디저트를 필두로 고기 요리의 향을 내는 데에 사용하고 있다. 잎에서 딴 녹색 색소로 색을 입힌 말레이시아의 전통 과자도 있다.

페리윙클

Bigleaf periwinkle

학명 : *Vinca major*
과명 : 협죽도과
원산지 : 유럽
이용부분 : 꽃, 줄기

이용법 관상용, 약용
주의점 독이 있기 때문에 취급에 주의할 것
해설 밝은 자청색의 꽃을 피우는 내한성 다년초다. '페리윙클'은 색의 이름에도 사용된다. 덩굴성이며 그라운드 커버로도 익숙하고 원예용품도 많다. 혈액 정화나 뇌를 건강하게 하는 작용이 있다 해서 이용된 적도 있지만 알칼로이드가 함유된 식물이기 때문에 취급에 주의해야 한다.

봄~여름에 자청색의 꽃을 피운다.

펜넬
Fennel

학명 : *Foeniculum vulgare*
과명 : 미나리과
원산지 : 지중해 지방
이용부분 : 잎, 종자

풍미 달달함이 있는 향이며 장뇌 같은 풍미가 있다.

이용법 식용, 약용

주의점 특별히 알려져 있지 않다.

해설 가장 오래전부터 재배되고 있는 허브 중 하나다. 고대 로마인은 펜넬을 매우 좋아했으며, 위장의 작용을 조절하고 시력을 좋게 하는 힘이 있다고 하여 난폭한 전사들도 휴대했었다고 한다. 날개 같은 잎은 '피시 허브'라고도 부르며 비린내를 없애기 때문에 생선 요리에는 빼놓을 수 없다. 이탈리아에는 뿌리가 두꺼운 '플로렌스 펜넬'이라는 품종이 있다. 종자는 생약으로도 처방되며, 위를 튼튼히 하고 소화 불량, 복부 당김이나 산통, 거담에도 효과가 있다. 정유 성분인 트랜스 아네톨에는 거담이나 진해작용도 있다고 한다.

펜넬 시드 파우더

홀 시드

플로렌스 펜넬

🌿 씨
초록빛을 띤 갈색이며 길이 1cm 정도의 타원형이다. 선명한 줄기가 있는 것이 특징이다. 표면이 평평한 것이나 볼록하게 부푼 것이 있다. 구취 예방이나 소화 촉진에 좋다고 하여 해외의 인도 레스토랑에서는 반드시 계산대 옆의 접시에 두면서 4~5알 정도 먹기를 추천한다.

🌿 정유
씨에는 트랜스 아네톨이라는 성분이 대량으로 함유되어 있으며 프랑스의 리큐어인 '파스티스'에도 사용되고 있다.

🌿 파우더
필요에 따라서는 씨를 분말로 갈아서 사용하는 경우도 있다.

펜넬꽃

프로스탄테라
Round-leaved mint bush, Roundleaf mint bush

학명 : *Prostanthera*
과명 : 꿀풀과
원산지 : 오스트레일리아
이용부분 : 잎, 꽃

- **풍미** 멘톨계의 강한 향
- **이용법** 약용, 공예용, 관상용, 헬스케어용
- **주의점** 특별히 알려져 있지 않다.
- **해설** 오스트레일리아 동남부에 자생하는 상록관목으로 민트의 한 무리는 아니지만 잎에는 민트의 향이 있다. 잎에는 살균작용이 있는 휘발성 오일이 풍부하게 함유되어 있어서 성분 추출액을 두통이나 감기의 외용약으로 사용한다. 최근에는 향을 즐기기 위해 포푸리나 입욕제 등으로 사용한다. 원예 품종은 90종 이상이다.

핑크나 보라색, 흰색을 띠는 방울 모양의 꽃을 피운다.

피버퓨
Feverfew

학명 : *Tanacetum parthenium*
별명 : 화란국화
과명 : 국화과
원산지 : 유럽, 카프카스(코카서스)
이용부분 : 꽃, 줄기, 잎

- **풍미** 코를 찌르는 향이 나며, 단맛이 있다.
- **이용법** 음료용, 헬스케어용, 원예용, 공예용
- **주의점** 임신 중에는 피할 것. 항응고제와의 병용은 피할 것
- **해설** 데이지와 닮은 꽃을 피우는 허브다. 유럽에서는 그리스 시대부터 항염증약으로 취급했으며 편두통이나 생리통 등의 격한 통증을 완화시킨다. 편두통의 발작에 동반된 광선 과민증, 구역질 등을 진정시키는 작용이 있다고 알려져 있다. 소염작용이 있으며 류머티즘이나 관절염에도 쓰인다. 여러 겹꽃잎 원예 품종인 '마트리카리아'는 꽃꽂이용으로도 인기다.

피버퓨의 줄기와 잎을 건조시킨 것

필발

(Javanese, Indian, Indonesian) Long pepper

학명 : *Piper longum*
영명 : 롱 페퍼
과명 : 후추과
원산지 : 동남아시아
이용부분 : 열매

건조시킨 필발의 열매

풍미 자극적이고 톡 쏘는 맛
이용법 식용, 약용
주의점 임신 중에는 피할 것
해설 동남아시아에 자생하는 후추과의 덩굴성 식물로 건조시킨 열매는 자극적인 풍미를 가진 향신료로 사용한다. 소화기계와 호흡기계 양쪽에 효과가 있으며 대사를 좋게 하고 냉증을 해소하며 안티에이징효과가 있다고 하여 근래에 들어 화제가 되고 있다. 아유르베다에서는 가장 자주 사용되는 허브 스파이스다. 강력한 에너지를 가졌다고 여기며 장수를 촉진하는 약초로 여기고 있다.

한련

Nasturtium

학명 : *Tropaeolum majus*
별명 : 한금연, 금연화, 금련화
과명 : 한련과
원산지 : 콜롬비아
이용부분 : 씨, 꽃, 줄기, 잎

풍미 고추냉이와 비슷한 매운맛이 있다.
이용법 식용, 관상용
주의점 특별히 알려져 있지 않다.
해설 연꽃 같은 둥근 모양의 잎과 난색계의 밝은 꽃 때문에 관상용으로도 인기가 있는 식물이다. 꽃, 잎이나 열매를 씹으면 상쾌한 매운맛이 있어서 잎이나 꽃은 샐러드나 샌드위치에, 열매는 갈아서 소스의 향을 내는 데에 쓰이는 등 식용으로도 이용된다. 비타민 C와 철분이 많으며 항균, 강장작용도 기대할 수 있다.

원예용으로도 인기가 있으며 초여름이 되면 모종이 널리 유통된다.

해바라기(선플라워)
Sunflower

- 학명 : *Helianthus annuus*
- 별명 : 향일화(向日花), 조일화(朝日花)
- 과명 : 국화과
- 원산지 : 중앙 아메리카
- 이용부분 : 씨, 꽃, 잎

풍미 해바라기유에는 식물 기름 특유의 기름 냄새가 없다.

이용법 원예용, 공예용, 식용, 염색용

주의점 특별히 알려져 있지 않다

해설 씨에서 리놀레산이 포함된 양질의 기름을 얻을 수 있다. 해바라기유는 동맥경화의 예방이나 면역 강화, 건성 피부 개선에 효과적이라고 알려져 있다.

줄무늬가 있는 씨

높이는 1~3m, 꽃은 직경 30cm 크기가 되는 것도 있다.

헬리오트로프
Cherry-pie, Heliotrope

- 학명 : *Heliotropium arborescens*
- 과명 : 지치과
- 원산지 : 페루, 칠레
- 이용부분 : 꽃, 줄기, 잎

풍미 꽃은 바닐라와 비슷한 향

이용법 원예용, 향료용, 공예용

주의점 특별히 알려져 있지 않다

해설 보라색 꽃에는 바닐라 같은 단 향이 있어서 향수초라고도 불리고 있다. 정유가 향수의 원료가 되는 일이 많고 포푸리나 부케로도 단 향을 즐길 수 있다. 원예용품이 많고 냄새가 없는 것이나 백화 품종도 있다.

꽃의 색은 주로 보라색이지만 흰색 품종도 있다.

헴프(대마)
Hemp

학명 : *Cannabis sativa*
과명 : 삼과
원산지 : 중앙아시아
이용부분 : 종자, 줄기

헴프의 열매

풍미 종자에는 상쾌한 매운맛이 있다.
이용법 식용, 약용, 산업용, 공예용
주의점 꽃과 꽃이삭에는 환각 성분인 테트라하이드로칸나비놀이 함유되어 있어서 규제되고 있다.
해설 제2차 세계 대전 전까지 일본에서는 쌀과 나란히 왕성히 재배된 주요 농작물이었다. 줄기에서는 섬유를 얻고, 열매(종자)는 시치미 토가라시에 사용되는 등 식용 외에 기름도 얻을 수 있었다. 열매는 생으로는 향이 옅기 때문에 반드시 볶아서 사용한다. 종자를 압착해서 얻은 헴프유(또는 삼씨기름)는 생활 습관병 예방이나 알레르기 체질의 개선효과를 기대할 수 있다. 고대 중국에서는 강장제로도 이용했다. 한방에서는 '마자인(麻子仁)'이라는 생약명으로 용변 촉진에 처방한다.

헴프의 잎

호로파

Fenugreek

학명 : *Trigonella foenum graecum*
과명 : 콩과
원산지 : 중근동, 아프리카, 인도
이용부분 : 씨, 잎

풍미 셀러리나 미나리와 비슷한 강한 향이 있으며 쓴맛이 강하다.
이용법 식용, 약용
주의점 임신 중에는 사용하지 말 것
해설 노랗고 사각형인 씨는 셀러리와 비슷한 강한 향과 쓴맛을 가지고 있다. 고대부터 요리 외에 약용으로도 인기가 있는 향신료이다. 인도에서는 '메티'라고 부르며 처트니나 피클 등에도 사용한다. 쓴맛이 있기 때문에 양을 조절하면서 다른 향신료와 섞어서 카레 가루를 만든다. 중동이나 아프리카에서도 혼합 향신료에 쓴다. 중국에서는 통풍이나 강장에, 아유르베다에서는 신경, 호흡기, 생식기의 쇠약 상태에 좋은 허브라고 알려져 있다. 혈당이나 콜레스테롤을 감소시키는 것 외에 모유를 잘 나오게 하는 작용도 있다고 알려져 있다. 씨를 발아시킨 새싹을 먹는 경우도 있다.

호로파 시드(파우더)

호로파 시드(홀)

🌿 고대 이집트에서는 미라를 만드는 데에도

고대 이집트인은 씨로 만든 페이스트를 몸에 발라서 체온을 낮추거나 향으로 만들어서 이용했다. 시체에 넣어서 미라로 만드는 데에도 사용했었다.

호로파잎

호박씨
Pumpkin seed

- 학명 : *Cucurbita moschata*
- 과명 : 박과
- 원산지 : 아메리카 대륙
- 이용부분 : 씨

단호박

풍미 은은한 단맛이 있다.
이용법 음료용, 식용, 약용
주의점 특별히 알려져 있지 않다.
해설 단호박의 씨에는 소염, 이뇨작용이 있기 때문에 북미 원주민 시대부터 남녀노소 가리지 않고 과민 방광이나 실금, 빈뇨 등의 개선에 사용하고 있다. 소아과에서도 야뇨증에 세인트 존스 워트와 함께 처방하는 경우가 있다.

> **영양이 가득한 호박씨**
> 미네랄, 비타민이 풍부하다. 카로틴은 과육보다 많으며 동맥경화 예방작용이 있는 리놀레산도 함유되어 있다. 견과류로 취급되며 빵이나 양과자의 토핑 등에 사용되는 경우가 많다. 고단백이며 고칼로리다.

호박씨

호스래디시
Horseradish

- 학명 : *Armoracia rusticana*
- 별명 : 서양고추냉이, 고추냉이무, 와사비무
- 과명 : 십자화과
- 원산지 : 동유럽
- 이용부분 : 잎, 뿌리줄기

풍미 상쾌한 향, 코를 찌르는 매운맛
이용법 식용
주의점 위점막의 염증, 신장병이 있는 경우나 4세 이하의 소아에게는 사용하지 말 것
해설 유럽에서는 식용으로 사용하며 번식력이 강하다. 로스트비프에는 빼놓을 수 없는 향신료로, 매운맛의 성분은 고추냉이나 겨자와 같은 시니그린이다. 뿌리줄기를 간 것은 정균작용이 있기 때문에 날 음식의 고명으로 사용하는 것 외에 분말 고추냉이나 튜브 고추냉이 원료가 되고 있다. 또 철분도 많기 때문에 빈혈 예방, 식욕 증진효과도 있다. 잎에는 소화 촉진이나 건위약, 거담효과가 있다고도 알려져 있다. 민간약으로는 이뇨제나 류머티즘의 개선 등을 목적으로 사용되었다.

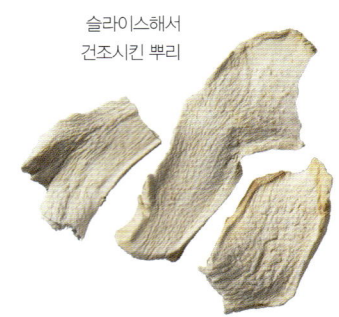
슬라이스해서 건조시킨 뿌리

홉
Hop

학명 : *Humulus lupulus*
과명 : 삼과
원산지 : 북미 대륙, 서아시아
이용부분 : 구화(솔방울 모양의 화포), 줄기, 잎

풍미 맥주보다 코를 찌르는 향이 더 나며, 씁쓰레하다.
이용법 음료용, 공예용, 관상용, 약용, 염색용, 향료용
주의점 닿으면 피부염을 일으킬 수 있다. 우울증 증상이 있는 경우에는 복용을 피할 것
해설 맥주의 원료로 유명한 홉은 온화한 진정작용이 있기 때문에 취침 전의 허브티로도 사용할 수 있다. 아유르베다에서는 신경 진정제로 긴장이나 불안을 풀어 준다고 여긴다. 에스트로겐 같은 성분이 함유되었기 때문에 월경 전 증후군(PMS)이나 갱년기 장애의 완화에도 효과가 있다. 근래에는 꽃가루 알레르기 증상을 경감시키는 효과도 발표되고 있다. 품질이 좋은 시트러스계의 향은 비누 등의 향료로 사용된다.

솔방울 같은 화포 줄기 부분에는 쓴맛의 성분을 분비하는 유선이 있다.

건조시킨 홉

홍경천
Roseroot, rose root,
roseroot stonecrop, midsummer men

학명 : *Rhodiola rosea*
과명 : 돌나물과
원산지 : 북반구
이용부분 : 뿌리줄기

풍미 땅 위로 나온 뿌리줄기는 건조하면 장미 같은 향이 난다.
이용법 식용, 헬스케어용, 약용, 관상용
주의점 특별히 알려져 있지 않다.
해설 해발이 높은 모래땅이나 바위가 많은 곳에 자생하는 다년초로 굵은 줄기 위에 두꺼운 잎이 밀집해서 붙어 있다. 옛날부터 고산병 예방 허브로 친숙했다. 육체적 정신적 피로 등에 의한 스트레스에 대한 저항능력을 높이고 몸을 정상으로 바로잡는 작용이 있기 때문에 기분을 향상시키거나 우울함을 경감시킨다고 여겨진다. 뿌리줄기에는 자양 강장, 항산화작용도 있다고 인정받고 있다.

노란 꽃에는 벌이나 나비가 모인다.

화이트 윌로

White willow

학명 : *Salix alba*
과명 : 버드나무과
원산지 : 유럽, 아시아, 북아프리카
이용부분 : 나무껍질

풍미 상쾌한 나무 향, 산뜻하면서도 감칠맛이 있다.
이용법 약용
주의점 특별히 알려져 있지 않다.
해설 물가에 자라는 낙엽수로 나무껍질에 함유된 성분인 살리신이 해열, 소화, 진통작용을 가지고 있어 독감, 두통, 류머티즘, 관절염 등에 사용된다. 후에 이 살리신을 기초로 한 합성된 성분으로 아스피린이 만들어졌기 때문에 지금도 화이트 윌로는 '천연 아스피린'이라 불린다.

잎의 뒷면이 흰 것이 특징이다.

화이트 윌로의 나무껍질

황화구륜초

Primrose

학명 : *Primula veris*
영명 : *Cowslip*
과명 : 앵초과
원산지 : 중국, 유럽~카프카스(코카서스)
이용부분 : 꽃, 잎, 뿌리

풍미 뿌리에는 특유의 냄새가 있다.
이용법 음료용, 약용
주의점 특별히 알려져 있지 않다.
해설 사포닌이 함유된 대표적인 허브 중 하나로, 거담작용이나 진해작용이 있다고 한다. 기관지염이나 목이 붓는 증상 등에 사용한다. 효과를 높이기 위해 펜넬이나 아니스, 타임 등과 혼합한 티를 복용하는 것도 효과가 있다고 한다. 꽃이나 잎은 생식도 가능하지만 약효가 강한 부분은 뿌리줄기 부분이다.

후추
Pepper

학명 : *Piper nigrum*
과명 : 후추과
원산지 : 인도 남부
이용부분 : 열매

블랙페퍼 홀

화이트페퍼 홀

풍미 상쾌함과 매움이 섞인 듯한 기분 좋게 자극적인 나무 향
이용법 식용, 약용
주의점 의약품과 함께 섭취할 경우 다량으로 섭취하지 말 것
해설 전 세계에서 다양한 요리에 사용되고 있는 기본적인 향신료다. 기원전 시대부터 서양 사람들은 동양의 후추에 매료되었고 후추는 고가에 거래된 귀중한 향신료였다. 산지에 따라 매운맛에 다소 차이는 있지만, 어떠한 식재료에도 손쉽게 넣을 수 있다. 매운맛은 피페린이라는 성분으로 항균이나 방부작용이 있으며 소화 불량, 복통, 설사 등의 증상 개선에 사용해 왔다. 항산화 작용도 기대할 수 있다. 인도에서는 추운 시기가 되면 블랙페퍼를 많이 넣어서 감기를 예방한다. 또 감기에 걸렸을 때에는 블랙페퍼, 생강, 설탕을 넣은 특제 핫드링크를 마시는 경우도 있다.

그린페퍼 홀

유명 산지의 후추
인도 케랄라주의 '테리추리 블랙페퍼', 인도네시아의 '수마트라 블랙페퍼', 보르네오 섬의 '사라왁 블랙페퍼', 마다가스카르의 '마다가스카르 블랙페퍼', 카메룬의 '펜자 화이트페퍼' 등이 있다.

🌿 생열매
덜 익은 녹색 열매는 시간이 지나면 바로 까맣게 되어 버리기 때문에 생 열매는 좀처럼 유통되지 않는다. 오리고기 요리나 크림소스 등, 진한 맛에 잘 어울린다.

🌿 블랙페퍼(홀)
페퍼의 열매가 색을 띠기 전에 녹색의 덜 익은 열매를 수확해서 열매껍질째로 햇볕에 말려서 건조시킨 것. 주름이 있으며 향은 야성적이다.

🌿 블랙페퍼(분말)
육류 가공을 필두로 다양한 요리와 잘 맞는다. 화이트페퍼와 비교하면 매운맛과 자극 모두 강하다.

🌿 화이트페퍼(홀)
다 익으면 빨갛게 물든 과일을 반발효시킨 후, 외피를 벗겨서 건조시킨 것이다.

🌿 화이트페퍼(분말)
우유와 크림소스 등의 유제품에 사용하면 음식 맛의 마무리가 깔끔해진다.

🌿 그린페퍼(홀)
녹색의 덜 익은 열매를 동결 건조나 염장 등으로 보존한 것. 상쾌한 매운맛과 향이 있다. 스테이크 등에 사용한다.

🌿 염장한 페퍼의 열매
잘 씻어서 그대로 혹은 가볍게 빻아서 이용한다.

🌿 후추나무의 열매(홀)
핑크페퍼로 팔리고 있는 것은 옻나무과의 후추나무의 열매다. 약한 외피 속에 작은 씨가 들어 있다. 매운맛보다 방향을 즐기는 향신료로 약간의 신맛이 있다.

후추 밀
후추의 향은 날아가기 쉽기 때문에, 필요에 따라 그때그때 밀로 가는 것을 추천한다.

227

한 송이에 50개 정도의 열매를 맺는다.

🌿 식물의 분포
주요 원산국은 인도, 말레이시아, 인도네시아, 브라질이다.

🌿 특징과 수확
다년생 덩굴성 식물로 암녹색의 잎과 이삭 모양으로 피는 흰 꽃이 특징적이다. 포도처럼 기둥에 휘감겨서 자란다. 나무가 완전히 자라려면 7~8년이 걸리지만 그 후 15~20년에 걸쳐서 열매를 계속 맺는다. 열매는 봄부터 여름에 걸친 2~3개월 동안 수확하며, 건조된 후 크기에 따라 등급이 매겨진다. 크고 열매가 빽빽이 들어 있는 것일수록 품질이 좋다고 여긴다.

생열매

흑종초

Nigella

학명 : *Nigella sativa*
과명 : 미나리아재비과
원산지 : 서아시아, 남유럽, 중근동
이용부분 : 씨

흑종초의 씨

풍미 오레가노와 비슷한 향이며 맛은 양귀비 열매와 페퍼 중간 정도의 쓴맛

이용법 식용, 관상용

주의점 특별히 알려져 있지 않다.

해설 인도에서는 요리의 맛을 내는 데에 널리 쓰이고 있다. 홀 그대로 볶아서 향을 높여 채소나 콩 요리, 처트니에 사용하거나 빵이나 과자의 토핑으로 쓴다. 중근동이나 터키에서는 참깨처럼 빵의 맛을 내는 데에 사용하고 있다. 코리앤더(고수)나 올스파이스, 세이보리나 타임 등의 허브와도 궁합이 좋기 때문에 여러 가지 조합으로 혼합 향신료를 즐길 수 있다. 프랑스에서는 시나몬, 클로브, 너트메그와 함께 조합한 '카트르 에피스'가 유명하다. 동인도에는 커민, 펜넬, 페누그리크, 머스터드 시드와 조합한 '판치호론'이 있다.

흑종초의 꽃

흰털질경이
Psylium

학명 : *Plantago ovata*
과명 : 질경이과
원산지 : 지중해, 북아프리카, 서아시아
이용부분 : 씨, 씨의 껍질

흰털질경이의 씨

`풍미` 떫은맛이 있고 끝맛은 조금 단맛이 남는다.
`이용법` 약용, 음료용
`주의점` 의약품을 복용한 경우에는 1시간 이상 사이를 두고 사용할 것. 장폐색이 있는 사람은 사용하지 말 것
`해설` 점액질이 10~30% 함유되어 있어서 물을 더하면 흡수, 팽윤하며 젤리 상태의 덩어리가 된다. 이 덩어리가 장을 자극해서 변비를 개선하고, 배변 시 고통의 경감에 효과가 있다고 알려져 있다. 그 밖에 장관에서 나오는 당분 흡수를 억제하고, 혈당치를 내리는 효과도 확인되었다. 인도에서의 명칭은 인도골이다. 생약인 '차전자(車前子)'는 같은 속 식물로, 거담, 진해, 이뇨효과가 있다고 알려져 있다.

히드라스티스 카나덴시스
Hydrastis canadensis

학명 : *Hydrastis canadensis*
별명 : 골든실
과명 : 미나리아재비과
원산지 : 북미
이용부분 : 뿌리, 뿌리줄기

풍미 매우 쓰다.
이용법 음료용, 식용, 약용, 헬스케어용
주의점 임신 중, 수유 중에는 피할 것. 고혈압인 사람은 피할 것
해설 골든실에는 모르핀과 비슷한 진정작용이 있기 때문에 북미 원주민들은 항염증약으로 사용해 왔다. 점막을 강하게 하고 균이나 바이러스 등 다른 물질의 침투를 저지하는 항균력이 있다. 그 때문에 발열, 독 아픔, 치은염, 눈병 등에 사용한다. 그 밖에 위를 튼튼하게 하고 장의 기능을 바로잡는 효과가 있다고 알려져 있다.

길이는 30cm 정도. 털이 있는 2장의 잎 위에 꽃을 피운다.
이용하는 부분은 노란색 뿌리줄기 부분이다.

히솝
Hyssop

학명 : *Hyssopus officinalis*
과명 : 꿀풀과
원산지 : 유럽 남부, 서아시아
이용부분 : 꽃, 줄기, 잎

풍미 타임을 가볍게 한 것 같은 상쾌한 풍미
이용법 식용, 음료용, 약용, 원예용, 공예용
주의점 임신 중에는 피할 것. 고혈압인 경우에는 섭취를 피할 것
해설 꿀풀과의 허브이며 상쾌한 향이 특징이다. 꽃과 잎 양쪽 모두 향기가 나기 때문에 잎은 고기와 생선 요리의 향을 내는 데나 허브티에 이용되며, 꽃은 포푸리로 이용된다. 잎에 항생물질의 일종인 페니실린을 만들어 내는 곰팡이가 번식한다는 사실이 알려졌으며 항균성이 높다고 여겨진다. 기침 멎음, 기관지염, 류머티즘, 소화 불량, 장을 깨끗이 하는 등에 이용한다.

히솝의 꽃과 잎을 건조시킨 것

초여름에 꽃이삭을 뻗어 꽃을 피운다.

주된 품종과 효능 일람

식물이 가진 효과 효능과 증상을 모아 두었습니다. '서양 허브', '아유르베다', '한방' 등으로 이용되는 것부터 널리 알려진 전통적인 민간요법까지 포함한 정보로 그 근거도 가지각색입니다. 증상을 완화시키는 효과를 기대할 수 있지만 그렇다고 해서 반드시 치료되는 것은 아닙니다. 궁금한 증상, 위급한 증상에 대해서는 이용 방법을 포함해서 반드시 전문의와 상담하십시오.

● 서양 허브 ● 아유르베다 ● 한방

	항균효과	면역력 향상	피로 회복	자양 강장	항산화작용	기침 멎음	해열작용	건위 효과	불면	상처	그 외	페이지
가랑갈						●					코나 목 등의 점막의 염증 · 호흡기질환 · 복통 · 위염 · 류머티즘 · 발한 · 흥분 · 자극	16
가시오갈피				●							감염 예방	16
가자나무						●					장의 강장제 · 수렴작용 · 피부나 점막의 궤양 · 회춘, 밑에서 끌어 올라오는 듯한 기침을 진정시킴	17
겨우살이		●									암세포에 대한 세포독성이나 면역촉진작용, 심장, 순환기계에도 적응	18
고려 인삼				●							신진대사기능의 증진 · 중추 흥분작용 · 위장계, 호흡기계의 활성화, 회춘 강장제	19
과라나			●	●							심장병 · 편두통 · 설사 멎음	21
관동						●					진해 · 거담효과 · 기침을 동반한 감기 · 기관지염 · 천식 · 속쓰림 방지, 천식 · 가래 막힘	21
광대수염											생리 불순 · 비뇨기질환 · 요통	22
구기				●	●						신진대사 증강 · 발열 억제 · 해열 · 혈당 내림 · 혈압 하락	22
구아바											당뇨병 · 설사 · 치통 · 구내염 · 위궤양, 정장작용 · 설사 멎음	23
국화꽃											무좀 · 여드름 · 습진 · 피부질환에 대한 감염증, 몸을 식힘 · 더위에 의한 화나 짜증, 눈 충혈이나 눈 침침함 · 두통 · 발열 · 구갈	23
그래인 오브 파라다이스				●							소화 불량 · 기관지염 · 류머티즘 · 변비 · 이뇨	24
금잔화	●									●	항염증 · 살균 · 피부나 점막의 손상 · 부스럼이나 부종을 억제 · 발한 · 감기	26
꿀풀	●									●	높은 지혈효과 · 항균효과 · 지혈제 · 가글액 · 이뇨	26
나무 알로에										●	소화 촉진 · 위염 · 변비 해소 · 화상	27
너트메그(육두구)											설사, 기관지염 · 류머티즘 · 위장염 · 복부 당김	28
님나무						●					위궤양 · 무좀 · 말라리아 · 비뇨기계의 감염증 · 해충 구제효과, 가장 강력한 혈액 정화제이며 해독제	29

233

	항균효과	면역력 향상	피로 회복	자양 강장	항산화작용	기침 멎음	해열작용	건위효과	불면	상처	그외	페이지
대두(콩)											암예방·갱년기 장애의 예방·동맥경화, 간장병 등 생활 습관병 예방·치매, 혈행 촉진·이뇨·근육이나 관절통 개선·해독 작용	31
돌외				●	●			●			이뇨작용·스트레스성 위염·십이지장궤양·콜레스테롤 수치 내림	32
두충											활성산소를 제거·혈관강화·비만이나 노화·고혈압 방지	33
드라코세팔룸 몰다비카											진통을 완화함·두통약·감기약	33
라반딘 그로소				●						●	리프레시효과·근육 뭉침·류머티즘·감기, 상처나 습진의 흔적을 깨끗하게 낫게 함	36
러비지				●						●	감기·발열·목아픔·소화 불량·소독액으로 상처에 사용	43
렁워트	●										수렴·이뇨·거담·호흡기계의 병·설사	44
레서 갈랑갈(양강근)						●					어린이의 호흡 트러블·구풍·코나 목 등의 점막 염증, 위장계를 따뜻하게 하고 혈액 순환을 좋게 하며, 냉이나 통증을 개선	49
로즈(장미)						●					수렴성·목의 염증·소화기계의 개선·불안이나 두려움을 완화시킴	50
루바브				●							변비·정장, 용변을 조절·위장의 염증·혈액 순환을 좋게 함	55
루이보스						●					활성산소 제거·냉한 체질·변비·알레르기의 여러 증상 개선	55
마늘	●				●	●					항바이러스작용·고혈압·동맥경화 등의 생활 습관병 예방·균류에 의한 감염증 예방·암 예방 효과, 회춘작용	57
마로니에											정맥류·치질·발의 붓기나 경련 등 여러 증상의 개선	60
마시멜로											목 아픔·기관지염·구내염·소화관이나 비뇨기의 염증·피부염·관장제	60
마조람						●			●		진정효과·두통·위장의 가벼운 불량·불안 증상·소화 촉진·장 내에 쌓인 가스를 배출	61
마카				●							체력의 쇠약·성기능 개선·갱년기 장애·불임	61
마테			●								혈행 촉진·이뇨·심인성 두통·피로·울화병·류머티즘	62
머그워트											월경 정상화·생리통 완화·소화기계의 트러블을 진정시킴	64
머틀	●										해독·방광염·요도염·수렴작용·여드름·지성 피부·종기·치질·화를 진정	66
멜로(블루 멜로)							●				염증 부위의 보호·가래를 제거·호흡기계의 질환	68
모노기나산사											가슴 두근거림·숨 가쁨·심장 고통·혈류량을 늘리는 효과	68

	항균효과	면역력 향상	피로 회복	자양강장	항산화작용	기침멎음	해열작용	건위효과	불면	상처	그 외	페이지
몰약	●			●							수렴성·소염·치아나 구강 내의 트러블·해독·강장·회춘. 장기간에 걸친 체력 증강. 노화 방지	69
무늬월도/ 알피니아 제룸벳	●									●	방부작용·기관지염·비염·독충에게 쏘인 상처·가래의 배설을 촉진	69
민감초(리코리스)	●				●						항염증·항바이러스·항알레르기·위궤양·방광염, 거담제, 스트레스·긴장·진통·거담·목 아픔·변비·강장·설사 멈춤	71
밀크티슬				●							간세포의 손상 방지나 회복·만성 간염, 알코올성 간염·지방간	77
바위취										●	중이염 치료·고름을 동반한 자상·화상·땀띠	79
백자작나무											살균·해독·두피의 여드름·습진 치료·양치·이뇨·요로 결석·신장 결석 예방	84
보리지					●		●				소염·발한·감기·강장·혈액 정화·울혈 완화·신장 강화	89
분홍트럼펫나무											말라리아·칸디다·감염증·호흡기질환·류머티즘·항염증·살균·항바이러스	90
블랙 커런트					●						감염증 예방·안구피로·발한·이뇨·수렴·독감	91
비터 오렌지필											혈행 촉진효과·살균·피부질환·식욕 부진·소화 불량·위액 분비를 높임	92
빌베리				●							시각기능 개선·눈병 예방·모세 혈관의 강화·동맥경화·당뇨성 망막증의 예방	93
뽕나무(오디)											식후 혈당의 상승을 억제·당뇨병·생활 습관병의 예방	93
사사프러스											진정·이뇨작용·숙취	94
사프란				●							이뇨제·소화기관의 질환	94
산마늘	●		●	●							비타민B1 활성효과·노화 방지	95
샌들우드(백단)				●							살균·이뇨, 심신 전체를 깨우고 진정시킴·불안증·정신적 스트레스, 순환기계, 소화기계, 호흡기계, 신경계 모두에 작용을 미침	97
생강							●				혈액 순환·신체를 따뜻하게 함·발한·해독	98
서양 승마									●		(갱년기의)안면 홍조, 가슴 두근거림, 현기증 등의 자율신경 실조·울화병·생리통·월경 전 증후군, 발한 해독·지혈작용	103
섬머 세이보리											식욕 부진·이뇨·냉한 체질 개선	109
세인트 존스 워트								●	●		항우울·계절성 감정 장애·갱년기 장애·월경 전 증후군·헤르페스·소염 진통	111
스타 아니스											흥분 자극·구풍·산통·류머티즘	115
쑥									●		월경의 정상화·두통, 지혈작용·냉에 의한 복통이나 유산 예방, 설사·빈혈·냉한 체질 개선	119

235

	항균효과	면역력 향상	피로 회복	자양 강장	항산화작용	기침 멎음	해열작용 건위효과	상처 불면	그 외	페이지
아니스						●			소화 촉진·가래 제거·구취 예방	121
아니스 히솝									감기 증상의 완화	121
아르니카									타박상·염좌·정맥염·관절염·류머티즘·벌레 쏘임	122
아마씨		●							정장·완하·항염증·알레르기 대책·면역력 증강	123
아요완	●								방부효과·살균효과·구강청결·양치, 호흡기나 소화기의 울혈을 제거·소화 불량·설사·천식	125
아위	●								경련을 억제하는 작용, 복부 당김, 기관지염	125
아이슬란드 이끼	●	●							구강 점막의 염증·마른 기침·천식·기관지 카타르·병 이후 체력 회복	126
아카시아							●		구내염·치은염, 복통약·건위제·지사제	126
안약나무(메구스리노키)				●					간 기능 활성화·피로한 눈·침침한 눈·녹내장·백내장 예방	128
안젤리카							●		소화 촉진·식욕 증진·진정·진통·구풍·발한·이뇨·완하, 월경 주기 조절, 갱년기 장애·월경 전 증후군	129
알로에 베라								●	상처·항염증작용, 몸을 진정시킴	131
암라		●							염증·눈병·천식·변비·빈혈	132
야생 참마			●	●					콜레스테롤 제거·혈중 지질을 내림·동맥경화 예방, 지방대사 개선·암·당뇨병 예방, 회춘작용이 있는 강장제, 설사·호흡기계의 질환·당뇨병	133
얼룩조릿대									치주병·구내염·구취 예방, 만병을 쫓는 약초	135
엘더 플라워									발한·이뇨·감기·독감·꽃가루 알레르기	135
연꽃					●		●		지방이나 노폐물의 배출·진정·지사, 강장작용·회춘효과, 수렴작용·설사·치질	136
영지버섯					●				고혈압·뇌졸중·지질 이상증·암치료·진통·만성 기관지염·관절염·위궤양, 혈액 순환을 조절·내장의 강화	138
오렌지 플라워								●	정신 안정·소화기계의 불량	140
오렌지 필							●	●	진정·스트레스 해소·소화 촉진·정장·이뇨	140
올리브				●					고혈압·동맥경화·당뇨병·혈액 속의 지방의 밸런스 개선·방광염·항바이러스작용·독감·헤르페스·순환기계의 기능 개선	141
올스파이스	●								방부·소화기계의 병을 일시적으로 완화	144
우엉							●		해독·디톡스효과·이뇨·발한·감기약, 혈액과 림프액 정화·부종이나 붓기 해소	146
울금				●	●			●	항산화력·강장제·간장병·알코올성 간염의 예방·피부질환, 천연 항생물질, 정신 불안 증상의 완화·혈류장애 개선	147

이름	항균효과	면역력 향상	피로 회복	자양 강장	항산화작용	기침 멎음	해열 작용	건위 효과	불면	상처	그 외	페이지
월계수											염증·고통을 완화함, 구풍·흥분 자극·거담	155
위치하젤										●	벌레 쏘임·타박상·치핵·항염증제·구강 점막의 염증·정맥류	156
은행				●							치매·이명·현기증·우울병	161
이질풀	●										설사, 변비 등의 정장작용·항염증작용·항염증약, 발열, 목 아픔, 치은염, 눈병, 정장작용	161
이탈리아목형											여성의 체내 리듬 개선·생리통·부인과계질환·모유 생성·월경 전 증후군·갱년기 장애·황체 기능부전에 의한 불임 치료	162
인도 사르사파릴라				●							성기에 대한 강장제·이뇨제·매독·피부병·모든 감염증이나 염증을 제거·해독작용	162
인도 인삼			●								근육이나 뼈의 재형성·혈액 정화·전신 피로 예방·스트레스 예방, 회춘	163
인카나타 시계초									●		정신 안정제·두통·치통·생리통	163
일본 박하	●										감기에 의한 열이나 두통·눈 충혈·숙취·속 아픔·살균	164
잇꽃(사플라워)											냉한 체질 개선·생리통·생리 불순·갱년기 장애, 부인과계의 대사부전·혈액 순환 촉진·냉증	165
자주루드베키아			●							●	감기·전염병·벌레 쏘임·뱀에 물린 상처·꽃가루 알레르기, 천연 항생물질	166
전동싸리	●		●								다리 부분의 부종이나 혈행 촉진·장딴지 쥐남·살균·진통·소염·방충효과	168
참깨					●						노화 방지·동맥경화, 요통·허리 나른함·현기증·관절통·건조성 변비	176
창포	🔴						🔴	🔴			회춘작용, 건망증	177
천수근(데빌스 클로우)											소화 불량·류머티즘질환·관절염·지질 이상증을 동반한 고령자에 대한 치료	178
첨협현구자											동맥경화 예방·꽃가루 알레르기·당뇨병 환자나 비만증 환자의 감미료에 쓰임	179
치자나무								●			가슴 답답함을 동반한 발열·정신 안정·담즙 분비의 조절작용·진정·소염·지혈·이담·발열성 황달·눈 충혈·코피	180
카옌페퍼(칠리고추)	●										식욕 증진·소화 촉진·신진대사를 좋게 함	184
캐러웨이								●			구풍·복통·기관지염·양치나 입세정, 흥분·자극	189
캠포페리아 가랑갈(산내자)	●										프레시효과, 코나 목 등의 점막의 염증·호흡질환	198
캣츠 클로											류머티즘·관절염·항염증제, 현기증·두통·혈압 저하	199
캣츠 휘스커(고양이 수염)	●							●			이뇨·염소·배설을 늘림·요로의 세균·감염증·염증	200
커리플랜트					●						가벼운 우울증·정신 안정·벌레 퇴치·방취효과	201

항균효과	면역력 향상	피로 회복	자양 강장	항산화작용	기침 멎음	해열작용	건위효과	상처	불면	그외	페이지
컴프리						🔴		●			타박상·염좌·골절·관절염, 체내외의 조직 성장을 촉진, 병에 걸리거나 부상당한 부위를 치료하는 가장 좋은 약	204
코리앤더(고수) ●										소화 촉진·두통·소화 불량	205
큐베브										호흡을 편하게 함, 흥분·자극·구풍·거담	210
타마린드			●							완효성 설사약, 적이질·간장이나 신장에 좋음	212
톱야자(쏘팔메토)										전립선염·전립선 비대에 의한 잔뇨감·빈뇨 개선, 회춘작용이 있는 강장제	215
티트리 ●										정신 안정·독감 등의 감염증 예방·꽃가루 알레르기·해독약·국소 여드름의 로션제·비듬용 샴푸제·습포제	216
펜넬						●	●			소화 불량·복부 당김이나 산통·거담	218
필발			●	●						소화기계와 호흡기계 양쪽에 효과·냉한 체질·안티에이징, 장수를 촉진	220
헴프(대마)				●						생활 습관병 예방·알레르기 체질 개선·강장제, 용변 촉진	222
호로파				●						통풍이나 강장·혈당 및 콜레스테롤 감소·모유 생성을 좋게 함, 신경·호흡기·생식기의 쇠약 상태에 좋음	223
호박씨										소염·이뇨·과민 방광·실금·빈뇨·야뇨증	224
홉			●							월경 전 증후군·갱년기 장애·꽃가루 알레르기, 신경 진정제·긴장·불안	225
홍경천			●	●						고산병 예방·기분 향상·우울증·육체적, 정신적 피로 등에 의한 스트레스에 대한 저항력을 높이고 몸을 정상으로 조절함	225
화이트 윌로						●				소염·진통·독감·두통·류머티즘·관절염	226
황화구륜초					●					거담·기관지염·목 부음	226
후추 ●					●					방부·소화 불량·복통·설사	227
흰털질경이					🔴					변비 개선·배변 시의 고통 경감·혈당치를 저하, 거담·이뇨	230
히드라스티스 카나덴시스										진정·항염증약·발열·소화 촉진·소화 불량·목 아픔·치은염·눈병·정장작용	231
히솝 ●					●					기관지염·류머티즘·소화 불량·정장	232

238

참고문헌

『メディカルハーブの事典(메디컬 허브사전)』
Shinichiro Hayashi / Tokyodo Shuppan

『メディカルハーブ安全性ハンドブック
(메디컬 허브 안전성 핸드북)』
Medical herbs information center / Tokyodo Shuppan

『ハーブと精油の基本事典(허브와 정유 기본사전)』
Shinichiro Hayashi / Ikeda Publishing

『いちばんわかりやすいハーブティー大事典
(가장 알기 쉬운 허브 대사전)』
Chikako Sakakida / Hatsuko Watanabe / Natsumesha

『The Complete Book of Spices』
Jill Norman / Penguin Publishing Group

『スパイスのサイエンス(스파이스의 사이언스)』
Mitsuo Takemasa / Bunensha

『スパイス&ハーブの使いこなし事典
(스파이스&허브 다루기 사전)』
Shufunotomo

『The Complete Book of Herbs』
Lesley Bremness / VIKING STUDIO

『広田靚子のNEWハーブブック
(히로타 세이코의 NEW 허브북)』
Seiko Hirota / Yama-kei Publishers

『ハーブ 香りの草花(허브 향기의 풀꽃)』
NHK Publishing

『Complete Book of Herbs and Spices』
Salah Garland / Viking Press

『vegetables, herb&fruit
AN ILLUSTRATED ENCYCLOPEDIA』
FIREFLY

『漢方210処方 生薬解説(한방210처방 생약해설)』
昭和漢方生薬ハーブ研究会
(쇼와한방생약 허브연구회)편 / Jiho

『生薬単(생약단)』
Michiho Itou / Takashi Kitayama /
Hiroshi Harashima / NTS

『The Yoga of Herbs』
David Frawley / Vasant Lad / Lotus Press

협력

Nair co.,ltd.
Yaso-no-Sato Otsuki
Ishibashi Shouji Corporation
ANAN Corporation
MOKSHA ayurveda center
Fumio Kikuchi
Southern Spice

원서 스태프명

아트 디렉션 Hiroyuki Ishikura
편집·제작 Regia Humie Maki · Yoshimi Hidaka · Mitsuko Okada
디자인 Momoko Nakajima · Tomomi Nomura
사진 Hiroyuki Ishikura · Inutomo Honda
교정 Rieko Suzuki · Yumiko Sugama

사진

Fotolia

Photolibrary

Wikimedia Commons
p14-1, p15-5, p17-3, p19-2, p19-1, 2, p20-1, 3, p38-3, p39-1
p50-1, p51-2, 4, p52-1, p58-2, p58-3, p62-2, p65-4, p69-4
p72-2, 3, p76-1, p88-5, p93-1, 6, p97-3, p98-2, p99-2, p106-4
p110-2, 5, 6, p111-1, p112-2, 3, p123-2, p128-2, p130-4, p132-1
p134-2, p135-2, p136-1, p137-3, p139-4, p140-4, p141-3
p144-1, p145-4, p147-5, p150-3, p151-1, p154-4, p153-4
p160-3, p164-1, 2, 3, p166-3, p169-1, p170-2, p174-1, p183-4
p184-5, p185-1, p196-1
(번호는 페이지 상단 혹은 왼쪽부터)

※ 위에 적힌 이미지는 「Wikimedia Commons」의 주지에 근거하여 교육적 정보를 공유한 것으로, 본서에서 개별 저작권자의 권리를 제한하는 것은 아닙니다.